Introduction to Lifelong Learning

JN012674

生涯学習概論

第3次改訂版

佐藤晴雄

学陽書房

はじめに

　本書は、生涯学習および社会教育に関する基礎知識をまとめた入門書である。大学で生涯学習・社会教育関係科目を受講する大学生のテキストとして、また、生涯学習・社会教育関係職員や生涯学習を学ぼうとする方々の参考書として活用していただくことを願って刊行されたものである。

　筆者は、今から15年ほど前まで、ちょうど10年間、社会教育主事として教育委員会に勤務していた。いろいろな分野の仕事に関わったが、特に青少年教育・健全育成や成人教育、視聴覚教育などの学習事業の企画と運営に10年間従事した。この社会教育主事としての現場経験を活かした概論書が刊行できないものかとかねがね考えていたのである。

　また、最近でも、社会教育職員の研修会などで、職員の方々から様々な疑問の声を聴くことが多くなった。たとえば、生涯学習と社会教育はどう違うのか、生涯学習は生涯教育と違うのだろうか、という疑問の声である。これらの疑問に、わかりやすく答えられる参考書の必要性も痛感してきたところである。

　生涯学習の概論書は決して少なくない。しかし、それらを読むと、論文集のようなものや理論ばかりで血が通っていないものが多いように思われた。実践や現場に触れずに、先行文献だけを頼りに書かれているものも少なくない。

　そこで、筆者の現場経験を最大限に活かし、現場職員の疑問に答えられる、血の通う概論書として本書を刊行しようと考えたのである。

　本書では、まず、生涯学習と社会教育、学校教育などの関係を明らかにし、次いで、わが国の社会教育の歴史をたどりながら生涯学習の現在をできるだけわかりやすく、できるだけ具体的に解説してみた。さらに、生涯学習の方法や社会教育行政の特質、社会教育計画、生涯各期の教育課題にも触れ、最後に、生涯学習と社会教育をめぐる問題についても論じてみることにした。第1章から第11章までは、なるべく筆者の意見を交えず客観的に事実関係を概説するようにしたが、第12章だけは私論としてとらえていただいてよい。

　以上は本書の刊行趣旨とも言えるが、この趣旨を活かすために本書で

は次のような特色を持たせている。

　第一に、筆者が全 12 章をすべて執筆したことである。類書の多くは共同執筆によるものが多いため、論文集のような感じになっている。その点を改めるために、単著の形にした次第である。

　第二に、筆者の 10 年間にわたる社会教育主事としての経験で疑問に思ったことを解き明かすよう具体的な記述を試みていることである。換言すれば、現場の目線から生涯学習と社会教育をとらえ、それらの実相を描くよう心がけたのである。

　第三に、特定の教育観や学説に偏ることのないよう、できる限り客観的な立場から解説するよう努めたことである。前述したように、筆者の私見を混ぜないよう、生涯学習と社会教育をめぐる事象をできるかぎり客観的に解説するようにした。

　第四に、社会教育や生涯学習に関わる事項を可能な限りカバーするような横断的な章構成を取っている点である。共同執筆による概論書は、どうしても各執筆者の関心が前面に出やすいため、結果として重要事項が漏れてしまうことがある。本書ではそうした漏れを最小限にとどめるよう心がけた。

　第五に、社会教育の創生期から今日の動向まで取り上げ、生涯学習と社会教育の動きを縦断的に記述している点である。生涯学習と社会教育の現在を理解するうえで、過去の事実を理解することは大切になる。しかし、近年の類書には、社会教育の歴史や生涯学習の発展過程を扱っていないものが多く、扱っていても形ばかりのものがほとんどである。本書では、社会教育の歴史と生涯学習の発展過程に類書より多めの紙数を充てている。

　このような本書が一人でも多くの方々に読まれ、社会教育と生涯学習の発展にいささかでも寄与できれば、筆者にとっては望外の喜びとなる。

　なお、本書は刊行計画から 3 年経って、ようやく刊行にたどり着くことができた。この間、辛抱強くお待ちいただき、また原稿の不備の指摘や文献の確認作業に尽力いただいた学陽書房編集部の藤谷三枝子氏には心から感謝申し上げたい。

平成 19 年 4 月 16 日

佐藤晴雄

第3次改訂版刊行にあたって

　2020年に第2次改訂版を刊行してから、生涯学習・社会教育に関するデータが更新され、生涯学習をめぐる動きにも若干の変化が見られるようになった。最近では経産省がリスキリングを推進することとなったことから、社会人の「学び」の重要性が広く認識されるようになったのである。

　リスキリングとは、デジタル化が推進する中で、職業に必要とされるスキルの大幅な変化に適応するために、必要なスキルを獲得したり、獲得させたりすることだとされる。この考え方はOECD（経済協力開発機構）が提唱していたリカレント教育に通じる考え方であるが、リカレント教育が一旦職場を離れて教育機会に参加するのに対して、リスキリングは就業しながらDX時代に適したスキルを獲得することを目的とする人材戦略である。

　ともあれ、生涯にわたる「学び」が改めて注目されるようになったわけである。ただ、その具体策はいまだ検討中であることから、本書では特に取り上げていないが、今次改訂版にあたっては、最新の調査データを盛り込み、加除修正を加えることとした。

　これまでと同様に、社会教育主事養成のテキストとして、また生涯学習関係者の参考書として活用されることを願っている。

　今次改訂では、編集担当が編集部の河野史香氏に代わったが、これまでの担当者であった根津佳奈子氏にもお世話になった。両氏にはこの場を借りて感謝申し上げたいと思う。

令和5年2月1日

佐藤晴雄

第12章　生涯学習と社会教育をめぐる課題

第1章　生涯学習と社会教育

　生涯学習とは何か。今も社会教育関係者の間で出される疑問の一つである。特に、生涯学習と社会教育はどう違うのかという疑問の声はいつも聞かれる。教育委員会の社会教育課が生涯学習課に改組されたのだから、生涯学習は社会教育の言い換えに過ぎないのではないかという見解がある。否、生涯学習には学校教育も含まれるのだから、それは社会教育の単なる言い換えではないという反論も出される。また、生涯学習と生涯教育との違いはどこにあるのかという疑問もある。

　このように、生涯学習をめぐっては、いくつもの疑問が生じている。そこで、本章では生涯学習の概念を正しく理解するために、社会教育との関係や生涯教育との関係を明らかにしておくことにしよう。なお、学校教育との関係は第4章で取り上げる。

第1節　生涯学習とは何か

1　生涯学習と社会教育の関係

（1）生涯学習概念の普及

　生涯学習という言葉はもはや一部の人たちの間で用いられる専門用語の段階を過ぎ、一般化してきていると言えよう。内閣府の世論調査によると、「生涯学習」という言葉を聞いたことがある人は、平成20（2008）年の調査では約80％に上るほどで、その後の令和4（2022）年調査では、生涯学習に関する活動を行った人は74.8％に達している。もはや国民の3分の2以上が生涯学習に関わるようになったのである。[*1]

　そもそも、生涯学習という言葉が文部省（当時）で正式に用いられる

ようになったのは昭和 63（1988）年頃からである。同年、文部省は社会教育局を生涯学習局（現在は、生涯学習政策局）に改め、その2年後の平成2（1990）年には生涯学習に関する初めての法律である「生涯学習の振興のための施策の推進体制等の整備に関する法律」（以下、「生涯学習振興法」と略す）が制定されたのである。以後、各地の教育委員会は文部省の動きに連動するように、担当組織の名称を、「社会教育」に代えて「生涯学習」という言葉を用いるようになった。

　生涯学習はもともと「生涯教育」という言い方でわが国に入ってきた概念を拠り所とする。生涯教育は昭和40（1965）年ユネスコの国際会議「成人教育推進委員会」で議題に取り上げられ、昭和40年代前半にわが国に紹介されたのである。当時、生涯にわたる教育のあり方を説いた生涯教育の理念はわが国の社会教育の考え方に近く、共通点を有するものと解されたことから、社会教育行政の中に包括される形で受容されていく。したがって、わが国においては、生涯にわたって社会の中で教育機会を提供してきた社会教育の役割は生涯教育の概念と特段違うものとは解されず、しばらくの間、見るべき生涯教育施策が取り組まれなかったのである。

（2）生涯学習と社会教育の共通点

　生涯学習と社会教育の共通点とは何か。[*2]学校教育との対比からその共通点を捉えると、次のような諸点が見出される。

　第一に、生涯にわたるすべての発達段階にある人を対象にしていること。学校教育が青少年期にある人を主たる対象にしているのに対して、社会教育と生涯学習は子どもから高齢者に至るすべての人々を対象にしているのである。

　第二に、ノンフォーマルな教育が中心になっていること。学校教育は入学・卒業、学年制などを採り入れたフォーマルな形態をとるのに対して、現実の社会教育や生涯学習はある程度の組織性をもつが制度としての入学・卒業、学年などがなく、柔軟に運営されるノンフォーマルな形態の活動を基軸にしている。

　第三に、現実の課題解決を目的にしていること。学校教育は児童生徒の人格形成を図り、将来生活への準備教育を主眼にしているが、社会教育と生涯学習は余暇活用や地域づくり、健康維持、子育てなど現実の課題解決に資する学習が大きなウエイトを占める。

　第四に、自発的・自主的な学習を重視していること。学校教育、特に

義務教育が強制的であるのに対して、社会教育や生涯学習は住民の自発的意思に基づいて行われる。誰からも強制されることなく、自らの意思と関心によって学習が進められるのが、社会教育と生涯学習なのである。

第五に、学習の内容と方法が多様なこと。学校教育は学習指導要領に基づくなど一定の画一性を有し、通常は教室で教師による指導によって進められるが、社会教育と生涯学習は学習内容の基準がなく、また学習者と学習内容の特性に合わせた多様な指導方法が採られている。

しかし、同時に、社会教育と生涯学習（当初は「生涯教育」であった）との共通点によって、むしろ生涯教育に関わる施策が積極的に推進されにくくなり、社会教育は生涯教育の観点から再認識されるに止まっていた。たとえば、昭和 46（1971）年の社会教育審議会答申は、「生涯教育では、生涯にわたる多様な教育的課題に対処する必要があるので、一定期間に限定された学校教育だけではふじゅうぶんとなり、（中略）したがって、生涯教育においてとくに社会教育が果たすべき役割はきわめて大きいといわなければならない」と述べていたのである。

2　生涯学習と生涯教育の定義

(1) 中央教育審議会の定義

昭和 56（1981）年の中央教育審議会（中教審）答申「生涯教育について」は「生涯教育」という言葉をタイトルに記したわが国最初の答申として知られるが、この中で生涯学習と生涯教育についてそれぞれ定義している。その原文をまとめると、以下のように定義できる。

> **（生涯学習の定義）**
> 　生涯学習とは、自己の充実・啓発や生活の向上のため、各人が自発的意思に基づいて、必要に応じ、自己に適した手段・方法を自ら選んで生涯を通じて行われる学習である。
> **（生涯教育の定義）**
> 　生涯教育は、生涯学習のために、自ら学習する意欲と能力を養い、社会の様々な教育機能を相互の関連性を考慮しつつ総合的に整備・充実しようとする基本的理念である。

上記の定義はわが国の答申における生涯学習と生涯教育に関する最初

の定義であり、以後の関係答申でも用いられていることから、政策的な意味では定着していると理解してよい。つまり、生涯学習は国民・市民が自ら行う学習活動をさすのに対して、生涯教育はその学習を支援する営みを意味するという関係になる。したがって、生涯学習の主体は国民・市民であり、生涯教育の主体は行政や施設、民間事業者（カルチャーセンターなど）になる。

中央教育審議会答申「生涯教育について」
　　　　　　　　　　　　　　　　　　　——昭和56（1981）年——より
　「今日、変化の激しい社会にあって、人々は、自己の充実・啓発や生活の向上のため、適切かつ豊かな学習の機会を求めている。これらの学習は、各人が自発的意思に基づいて行うことを基本とするものであり、必要に応じ、自己に適した手段・方法は、これを自ら選んで、生涯を通じて行うものである。この意味では、これを生涯学習と呼ぶのがふさわしい。
　この生涯学習のために、自ら学習する意欲と能力を養い、社会の様々な教育機能を相互の関連性を考慮しつつ総合的に整備・充実しようとするのが生涯教育の考え方である。」

(2) 臨教審と改正教育基本法

　その後、昭和60（1985）年から臨時教育審議会（臨教審）が四つの答申をまとめるが、「生涯教育」ではなく、「生涯学習」の用語を用いている。そこでは、「生涯学習社会」の建設と「生涯学習体系への移行」が重要課題だとされている。以後、「生涯教育」から「生涯学習」への転換が図られることになる。平成18（2006）年12月に全面改正された教育基本法は第3条で「生涯学習」に関して、「国民一人一人が、自己の人格を磨き、豊かな人生を送ることができるよう、その生涯にわたって、あらゆる機会に、あらゆる場所において学習することができ、その成果を適切に生かすことのできる社会の実現が図られなければならない。」と定めている。

　これは生涯学習の定義というよりも、「学習社会」と呼ばれる概念の定義だと言ってよい。教育基本法は生涯にわたる学習機会を提供するとともにその成果を評価し、生かすことができるような「学習社会」の実現を目指すというのである。もともと、教育基本法の改正理由の一つに、「生涯学習」の理念を盛り込むべきだという見解があったことを考える

と、この条文はきわめて重視されるべきものになる。

　もともと、生涯教育は学校教育を含む教育改革の理念として登場したが、その理念に基づいて営まれる学習活動が生涯学習と呼ばれるようになった。そして、生涯学習は学校教育を除くノンフォーマルな教育のもとで行われる学習活動を意味する概念としても使用されるに至ったのである。通信教育のテレビコマーシャルで、「生涯学習を始めよう」と呼びかけているのは、まさにその意味においてである。すなわち、学校以外で自ら学ぶ行為を生涯学習と呼んでいるのである。

(3) 生涯学習概念の整理

　そのように見ると、「生涯教育」が理念で、「生涯学習」が学習行為であるかのように思われるが、実はそう簡単ではない。生涯学習は学習行為であると同時に、理念でもあるからである。

　前出の中教審は、生涯学習を学習行為として定義しているが、その後に登場した臨教審答申は、「生涯学習体系への移行」という言い方で生涯学習を教育改革の理念として捉えていると言ってよい。文部省の生涯学習振興課課長補佐（当時）の岡本薫も、「生涯学習とは、生涯学習社会を築いていこうとする『考え方』のことである[*3]」と解説している。実際に臨教審以降、「生涯教育」から「生涯学習」への用語の転換が図られ、それから現在に至るまで「生涯教育」という言葉がほとんど用いられなくなったのは、生涯学習が理念としての生涯教育の性格を引き継いだからにほかならない。[*4]

　つまり、生涯学習は、理念（理念としての生涯学習）と学習行為（現象としての生涯学習）という二つの側面を有することになったのである（図1-1 の「広義の『生涯学習』」）。

　理念としての生涯学習は学校教育を含んでいるが（図中の狭義1）、現象としての生涯学習は学校教育を除外し、社会教育事業のほかに首長部局やカルチャーセンターの学習事業、さらに任意に行われる自主活動などを含む概念（図中の狭義2）として用いられているのである。

　ただし、今日、どちらかと言えば、現象としての生涯学習の側面が前面に出る傾向が強まっている。教育委員会の社会教育課が生涯学習課に移行される場合、生涯学習課が従来の社会教育事業も引き継ぐ形で担当する例が多いのは、そうした傾向の現れだと言える。

▪ 図 1-1 「生涯学習」の意味関係

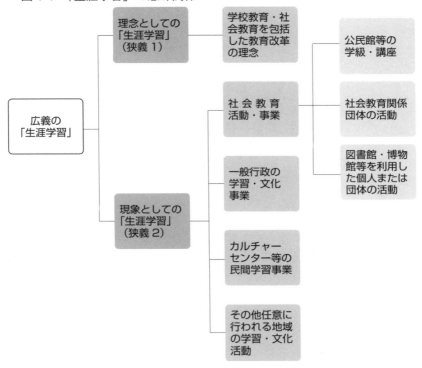

3 生涯学習と一般行政

　生涯教育は、国民・市民の主体性を重視する観点から、前述のように昭和末から平成 2（1990）年頃にかけて生涯学習と言う言葉に転換されるようになったので、その時期は「社会教育」から「生涯学習」へ、そして「生涯教育」から「生涯学習」への転換期にあたると言ってよい。ただし、この転換は単なる言葉の言い換えにとどまるものではなく、施策の考え方にも少なからぬ影響を及ぼした。結論から言えば、教育委員会以外の行政部局の生涯学習への関わりを合理化することになった。わが国の社会教育行政は教育の中立性確保の観点から学校教育と並んで教育行政の一環に位置づけられ、教育委員会に属し、知事・市町村長など首長から一定の距離を置いている。たとえば、福祉行政や市民行政、医療行政、建築行政などは一般行政と呼ばれて首長部局の下に位置づけら

れているが、教育行政は教育委員会の事務局に置かれる。

　人間の内面形成に関わる教育という営為がイデオロギーの影響を受けやすいため、教育行政は首長部局のもつ政治性に影響されず中立性を維持できるよう、独立した組織に位置づけられているのである。したがって、わが国の導入当初の生涯教育施策は教育委員会の社会教育行政の中で扱われていたのであるが、昭和40年代後半から秋田県知事や静岡県掛川市長など一部の首長が地域振興（村おこし）の手段として生涯教育に強い関心をもつようになり、教育委員会の所管範囲を超える全庁的な取り組みとしてそれを推進するようになる。

　また、昭和50年代には、行政を文化の視点から見直そうとする「行政の文化化」が進み、様々な行政部局が学習・文化事業に取り組むようになる。たとえば、勤労福祉行政が「勤労者英会話」を、また土木・環境行政が「緑の教室」を行うように、社会教育事業と区別しにくい学習事業を展開するようになった。

　そうなると、教育に関する行政を教育委員会以外の一般行政が行い、それらの調整と推進を首長が中心的に進める傾向が強まるため、戦後の教育行政の原則の一つである政治的中立性に反するという指摘や批判も出されるようになる。

　だが、生涯教育から生涯学習への転換によって、そうした問題は解消されることになった。生涯学習は「教育行政」ではなく、「生涯学習関連行政」という位置づけに変わり、教育行政の中立性が形式上保たれるからである。つまり、生涯学習は社会教育行政だけが関わる施策ではなく、広く関係する行政部局も関わる施策として、教育行政の原則を侵すことなく推進できるのである。

　現在、生涯学習課を教育委員会に設置する地方公共団体のほかに、首長部局にそれを置く地方公共団体も存在している。さらに、社会教育行政の一部を首長部局に委任することも可能になり、島根県出雲市は平成13（2001）年にその委任に踏み切ったところである。こうした動きは、社会教育行政が一般行政に引っ張られる傾向を意味しており、その意味で社会教育行政が教育行政として認識されにくくなったものと考えられる。

　それでは、そもそも社会教育とは何であろうか。次節では社会教育の定義や特質について見ていくことにしよう。

第2節　社会教育とは何か

1　社会教育の字義

　我々は「教育」という行為をイメージするとき、子どもの姿を思い浮かべがちである。実際、教育問題は子どもの問題として語られ、未来に生きる人材を育てることを想定する。なるほど、「教育」の文字をよく見てみると、「教」と「育」のそれぞれの文字には「子」の字を含んでいる。「教」の偏の「孝」の下部には「子」の字があり、「育」の冠は「子」を逆さにした「𠫓」である。もともと「教育」は翻訳語であるが、その文字を見れば子どもに関する言葉であることがわかる。

　教育をその対象から捉えれば、子どもが中心になり、また、それが行われる場から捉えれば、学校教育や家庭教育を思い起こす。確かに、国や地方公共団体の教育予算を見れば、子どものための学校教育に関する金額がそのほとんどを占めている。

　しかしながら、子ども以外を対象とする教育も近代以降重視されてきた。明治初期にはその教育が通俗教育と呼ばれ、明治期後半から大正期にかけて社会教育と言われるようになった。今日においても社会教育という概念は存在し、成人だけでなく、子どもをも対象とする学校教育以外の場で行われる教育のことを指している。

　教育は一般に、家庭教育、学校教育、社会教育に分けられるが、その分類は教育の場に基づくものである。つまり、家庭という場で行われるのが家庭教育で、学校という場で行われるのが学校教育であり、社会という場で行われるのが社会教育だとされるのである。そう考えると、社会教育とは家庭や学校を除いた一般社会の中で営まれる教育のことを意味することになり、何も成人だけを対象にした営為ではないことになる。

2　社会教育と成人教育

　欧米では成人教育が古くから発展してきているが、この成人教育という概念とわが国の社会教育の概念は同じではない。成人教育を英語で表記すると、adult education となるが、社会教育はどうであろうか。

　そもそも社会教育という概念がない英米ではそれに当たる言葉も存在

しないので、わが国の地方公共団体などでは social education[*5] という言葉を用いているが、この英語はなかなか通じにくい。social education は personal education（個性を伸ばすための教育）ないしは academic education（教科教育）の対概念となるので、社会性を培うための教育だと誤解されるからである。そこで、日本社会教育学会という学会は、社会教育を表す英語として、adult and community education を用いている。ただ、定着した言葉ではないが、社会教育を社会の中で行われる教育という意味で正確に訳すと、education in a society となろう。なお、教育基本法は社会教育に関して「個人の要望や社会の要請にこたえ、社会において行われる教育」だと記している（第12条第1項）。

いずれにせよ、社会教育は社会で行われる教育であるから、必然的に成人教育を中心とするが、学校教育以外で行われる青少年など成人以外に対する教育も含む概念なのである。

3　法上の定義

（1）消極的定義——控除的定義——

社会教育法という法律がある。この法律では、社会教育を以下のように定義している。

（社会教育の定義）
第2条　この法律において「社会教育」とは、学校教育法又は就学前の子どもに関する教育、保育等の総合的な提供の推進に関する法律に基づき、学校の教育課程として行われる教育活動を除き、主として青少年及び成人に対して行われる組織的な教育活動（体育及びレクリエーションの活動を含む。）をいう。

この定義は今日においても一般的に用いられているが、ここで注目すべきは、①学校教育以外で行われる教育であること、②成人だけでなく青少年も対象にしていること、③組織的な教育だということ、である。

①　学校教育以外の教育

学校教育以外で行われる教育とは、言い換えれば社会で行われる教育のことになる。学校以外のいろいろなところで行われる教育であるから、たとえば、公民館や図書館並びに博物館はもとより、地域社会の中で自

発的に進められている教育も含まれることになる。

　また、同法は「学校以外」という言い方ではなく「学校の教育課程として行われる教育活動を除き」と言っているが、これは学校施設でも社会教育活動が行われることを示唆している。

　たとえば、学校施設開放を利用して地域の学習団体が自主的に行う活動は社会教育に属すると考えられるのである。なお、会社等の職場で行われる研修は企業内教育と呼ばれ、これを社会教育の範疇に含めることもあるが、通常は社会教育に位置づけていない。ただし、福利厚生の一環として行われるような企業内の任意参加の学習・スポーツ活動などは社会教育として捉える傾向にある。

②　成人および青少年を対象とする教育

　成人教育は一般成人や高齢者、成人女性などを対象とする地域団体による教育活動や公民館など社会教育施設が主催する学級・講座等で行われる活動のことである。成人教育は社会教育の中心的位置を占めるが、青少年に対する教育も社会教育に含まれる。

　青少年のための社会教育は青少年教育（少年教育と青年教育に分けることもある）と呼ばれる。学校教育以外で行われている地域子ども会活動やスポーツ少年団、公民館主催の子ども教室、青少年教育施設（少年自然の家、青年の家など）主催の野外活動教室などによる活動は青少年教育に属する営為になる。

③　組織的に行われる教育

　この場合の「組織的」とは、必ず集団で行われなければならないことを意味するのではない。公民館等の社会教育施設や地域団体などが行う教育活動はもちろん、図書館や博物館を利用して個人で学習する場合も含まれるのである。裏を返せば、単に個人が自らの意思と手段で行う全く自由な学習活動、たとえば個人で史跡を巡って学習することや個人で好きな本を購入して読書を行うことなどは社会教育法で言う社会教育から除外されることになる。

　むろん、社会教育法で定める社会教育の定義は同法で言うところの社会教育の範囲を示すに過ぎないのであって、社会現象としての社会教育を定義している訳ではない。多くの研究者がその定義を試みており、また人によってその定義が異なったりする。しかし、社会教育法の定義は、あらゆる組織的な教育から学校教育を除くものを社会教育に位置づけている消極的定義ないしは控除的定義と言ってよく、それだけに社会教育

の範囲を広く捉えているため、現在でも多くの場面で用いられる一般的な定義として定着している。

(2) 積極的定義——例示的定義——

一方、社会教育に関する積極的な定義も見られた。かつての文部省設置法は社会教育に関して次のように定義していた（第2条第7号）。
「『社会教育』とは、公民教育、青少年教育、婦人教育、労働者教育等の社会人に対する教育、生活向上のための職業教育及び科学教育、運動競技、レクリエーション並びに図書館、博物館、公民館等の施設における活動をいう。」

この条文は法改正によって現在は削除されているが、社会教育の個々の現象に即した具体的、例示的な定義だと言える。公民教育や労働者教育、科学教育などの言葉は現在の社会教育行政においてはほとんど用いられなくなったが、そのほかの言葉は社会教育を具体的にイメージさせてくれる。ただし、対象と内容、施設等の場所などの概念が同レベルで羅列されているにすぎないので、社会教育の概念を明確に定義したものとは言えなかった。

ともあれ、その定義と社会教育法の定義をあわせて考えれば、社会教育の概念がより具体的に理解できる。つまり、社会教育とは、学校の教育課程を除き、青少年や女性・社会人等の成人に対して行われる各種の教育や体育・レクリエーション活動並びに公民館・図書館・博物館等の社会教育施設で行われる教育活動だということになる。

4　社会教育と市民活動

(1) 市民活動と行政との関係

社会教育は公民館等の社会教育施設が主催する学級・講座を通して行われる場合と地域の自主的サークルなどの学習団体を通して行われる場合とに分かれる。前者の場合はともかく、地域の学習団体による活動には様々なものがある。

社会教育施設を利用して学習活動を行う団体ないしはサークルは社会教育関係団体と呼ばれ、その意味で教育委員会の社会教育行政と一定の関係をもっているが、それら施設を全く利用しない団体もある。個人の自宅で活動する地域の子育てサークルや消費者団体、あるいは神社仏閣

で活動する伝統芸能保存会などである。これら団体が行う学習活動は社会教育と言えるのだろうか。

　橋口きくの解釈によれば、社会教育とは「下からの社会運動や自己教育運動をその対立物とし、それを阻止するために、またある場合には、それを体制内に吸収し包摂するかたちで」成立したもので、それは「あくまでも公権力の関与のもとに行われる教育のことであり、行政的な性格を強くもった概念」だという。[*6]

　つまり、社会教育は公権力から独立して行われる活動と言うよりも、むしろ公権力のもとで展開される活動を強く意味する概念だと言うのである。実際、明治期には民衆教化を目的に社会教育が国家によって推進され、特に戦時中には思想善導の手段として社会教育が利用されていたのである。そう考えれば、戦前のわが国においては、公権力と関係のある、学校教育以外の教育活動が社会教育の主眼であったことになる。

（2）自己教育としての社会教育

　戦後、最初の文部省社会教育課長となった寺中作雄は、戦前までの国家による教化的な社会教育の認識を改めるべきだとし、戦後の社会教育の本質を国民による自己教育に求めたのである。そこで、戦後制定された社会教育法は、国や地方公共団体の任務が社会教育を奨励するための環境醸成にあると定めた。社会教育の本質は国民や市民の自主的な学習活動にあり、国や地方の社会教育行政はそれら活動が円滑に行われるよう条件を整備していくことにあると言うのである。社会教育行政が公民館等を設置して自主的な学習活動を支援したり、学級・講座を開催したりするのは、その任務の具体化だと言うことになる。

　その意味において、行政との関係を持たない学校外の教育活動こそが社会教育の本来のあり方だと考えることもできる。たしかに、そうした考え方は成り立つが、そうなると、社会教育という概念が無限に拡大し、捉えどころがなくなってしまう可能性が出てくる。全くの自由な学習活動は当然として、企業内研修や教会の礼拝、伝承活動なども社会教育の範囲に含まれることになり、社会教育の概念は拡散し、関係者を混乱に導くことになりかねない。

　社会教育法の考え方は、国民による自主的な活動と公権力（社会教育行政）との関係の転換を図ったものと解釈できる。戦前の公権力による教化（押しつけ）型の「社会教育」から戦後の公権力によるサポート型

の「社会教育」に変わったことを定めたのである。実際に、教育委員会の社会教育行政（社会教育課など）では国民・市民による学習のうち一定の要件を備えたものを社会教育関係団体という登録ないしは承認をして絞り込んでいる。反対に、「社会教育」という言い方を好まない自主的な学習団体や活動も存在するはずである。

　したがって、社会教育の混乱を避けるためには、何らかの形で社会教育行政と関係を持つ学校以外の教育活動を社会教育だと理解する方がよいと考えられるのである。

5　社会教育の発展形態

　これまで述べてきたように、わが国の社会教育は公権力との関係性において、戦前と戦後で大きく様変わりし、その概念を曖昧にしてきた。その原因として考えられるのは社会教育の発展形態の多様性にある。

　宮原誠一は、わが国の社会教育が、①学校教育の補足としての社会教育、②学校教育の拡張としての社会教育、③学校教育以外の社会教育など３つの形で発展してきたと言う[*7]。

　まず、①の「補足」としての社会教育とは、たとえば、後期中等教育である高等学校に進学しなかった社会人青年などに対して青年学級の機会を提供して、高等学校教育を補足しようとする形態の社会教育をさす。青年学級は指導者の資格や開講日数など一定の条件づけがなされていた。

　②の「拡張」とは、学校を児童生徒だけでなく、成人にも開放する形態である。学校開放や公開講座など地域の成人対象に学習の機会と場を提供するものである。これら拡張された学習の機会や場は学校内で行われても社会教育に位置づけられることになる。

　③の「以外」は学校教育とは全く関係なく発展した教育活動のことである。たとえば、地域の子育て団体や消費者団体の教育活動、成人教育団体などは学校とは無関係な目的と方法で展開されてきた。

　これらそれぞれ異なる教育活動が包括され、混淆した形で戦後の社会教育を形成したのである。その結果、社会教育の概念は拡散し、曖昧になったものと考えられる。

　たとえば、「補足」をイメージすれば、指導者と学習者とのある程度固定した関係のある学校型の社会教育像が想起されるが、「以外」の観点から見ると、社会教育行政から完全に独立した学習こそが社会教育の

あり方であるという見解を生むのである。

　近年、「社会教育」という言葉はあまり用いられなくなった。教育委員会の組織を見ると、社会教育課など「社会教育」を表記した部署が消滅してきている。代わって、「生涯学習」という言葉が使われていることに気づく。社会教育課が生涯学習課に名称変更されている例が全国的に見られるようになった。そうして、生涯学習と社会教育は混同されやすくなったが、本来、生涯学習は社会教育の言い換えではないことを十分理解しておく必要がある。

【註】
＊１　内閣府「生涯学習に関する世論調査」大臣官房政府広報室、平成17年5月調査、及び令和4年7月調査調査。
＊２　佐藤晴雄『生涯学習と社会教育のゆくえ』成文堂、平成10年、pp.5-8。
＊３　岡本　薫『行政関係者のための入門・生涯学習政策』全日本社会教育連合会、平成6年、p.10。
＊４　生涯学習と生涯教育は混同されやすく、社会教育を専攻する研究者にもその両者が明確に区別されていない例も見られる。たとえば、佐藤一子は、「生涯学習という考え方は1960年代半ばにユネスコで提唱され、国際的にも大きな関心を呼んだ」と記しているが、この記述にある「生涯学習」は「生涯教育」の誤りである（佐藤一子『現代社会教育学――生涯学習社会への道程』東洋館出版社、平成18年、p.23）。ユネスコが「生涯学習」の用語を使用するのは昭和51年の「成人教育の発展に関する勧告」からである。
＊５　social education に関しては、Chris Brown が以下の二つの定義を紹介している（Chris Brown, et. al., (1986), Social Education:principles and Practice, *The Falmer Press*, p.7）。
　　(1)「social education という用語は、。自分自身や他者等、。社会の制度や組織・団体等、。社会問題などに関する知識や理解、態度、感性、技能の発達を助長するために、カリキュラム開発者や教師、専門家などによって編成された教授活動やそれ以外の活動を包括するものとして理解される。」
　　(2)「social education とは、自分自身および他者の発達要求に応じるための知識、意識（feelings）、技術を自ら獲得するのを支援する意識的な取り組みのことである。」
　　　要するに、social education は学校のカリキュラムとして行われる活動で、学習指導と対比されるものである。わが国の生徒指導における社会性の育成のための指導に近い概念だと言える。
＊６　橋口菊「社会教育の概念」小川利夫・倉内史郎編『社会教育講義』明治図書出版、昭和39年、p.19。
＊７　宮原誠一『社会教育―教育の社会計画をどうたてるか』光文堂、昭和25年、pp.32-40。

【その他参考文献】
◦坪田護・佐藤晴雄『社会教育と生涯学習』成文堂、平成7年。
◦田中雅文『現代生涯学習の展開』学文社、平成15年。
◦鈴木眞理・松岡廣路編『生涯学習と社会教育』学文社、平成15年。
◦岩永雅也『生涯学習論――現代社会と生涯教育　改訂版』放送大学教育振興会、平成18年。
◦佐々木正治編『生涯学習社会の構築』福村出版、平成19年。
◦日本学習社会学会編『学習社会への展望』明石書店、平成28年。
◦香川・鈴木・永井編『よくわかる生涯学習』ミネルヴァ書房、平成28年。

第2章　生涯学習と社会教育の歴史

　社会教育の歴史は、今日の生涯学習の発展に至る前史として、それとの密接なつながりをもっている。各地で展開されている生涯学習施策は社会教育施策から発展したもので、その意味で生涯学習は社会教育の系譜にあると言えるからである。

　近代以降、わが国の社会教育はいくつかの段階を経ながら発展し、今日の生涯学習の普及へと至ったのである。そこで、明治期の通俗教育から今日の生涯学習へと発展してきた過程をいくつかの段階に分けて、それぞれの特徴を概観することによって、今日の生涯学習の礎を探っていきたい。[*1]

第1節　社会教育の創始期

1　明治前期の社会教育──社会教育の萌芽期

（1）施設中心の社会教育政策──明治4年から明治19年

　わが国における近代的な社会教育を成立させた条件として、①生産力の発達、②学校教育の普及と文化伝達手段の発達、③自己教育の可能性を保障するような政治的土壌の形成などがあったと言われる[*2]。つまり、社会の生産力の向上によって成人・青年の学習条件が整い、同時に彼らに学習の必要性が認識されるようになり（条件①）、また学校の普及によって基礎教育が広く浸透し、彼らの知的要求を高め、新聞・雑誌等の文化伝達手段の発達がそうした知的刺激を与えた（条件②）のである。さらに、一定の制約があったにせよ、戦前にも民主主義を保障し、市民的自由を認めた政治的土壌が近代的社会教育の試行や実践を促したというのである（条件③）。

これら諸条件を念頭に置き、以下わが国の社会教育の歴史を概観しておこう。

　わが国において近代的な教育制度が整えられたのは明治初めからである。明治2（1869）年に京都で最初の小学校が創設され、明治5（1872）年の学制によって小学校から大学までの単線型の学校制度の創設が計画されたが、学制は学校以外の教育については特に取り上げていなかった。その意味で、社会教育制度は学校制度よりだいぶ遅れて整備されたかに見える。

　ところが、社会教育施策は、「学制」とは別に、文明開化方策の一環として、明治初めに博物館および図書館設置に始まっていたのである。図書館や博物館は、幕末に洋行した人たちがヨーロッパの文化施設として紹介し、近代化政策を推し進めるために必要な知識の普及を図る一環として設置されたのであった。萌芽期の社会教育は図書館および博物館など施設中心に整備が進められ、制度化されてきたのである。

（2）博物館の創設

　「学制」発布前年の明治4（1871）年、文部省内に博物局が設けられ、湯島大成殿を観覧場とし、翌年から公開されることとなる。明治6（1873）年には太政官正院内に博覧会事務局が置かれると、殖産興業政策を進めることを目的にその所管は太政官に移管されるようになり、内務省所属の博物館に改称された。しかし、文部省はいったん内務省に統合された博物館と図書館の分離を求めたため、明治8（1875）年に、その博物館は文部省所管の東京博物館に改称され、明治10（1877）年には上野公園内に移され、教育博物館となった。この教育博物館は現在の国立科学博物館である。

　その結果、民衆啓蒙・教養普及を目的とした文部省の博物館と殖産興業のための知識技術の普及を目的とした内務省の博物館が併置される形になる。ただ、当時、内務省は内務省の博物館こそが博物館の主流であることを主張し、他の博物館には地名などを付すよう求めていた。

　なお、現在の東京国立博物館は、明治5（1872）年に開催された博覧場の公開を源流としつつも、東京博物館とは別に、明治15（1882）年にイギリス人のコンドルの設計により、同じく上野公園内に美術品展示を主とする博物館として創設されたものである。

（3） 図書館の創設

一方、図書館は明治 5（1872）年に、文部省博物局書籍館として湯島の旧昌平坂学問所講堂に置かれたことに始まる。これが国立図書館の第1号である。もともと図書館の発想は、福沢諭吉が著書『西洋事情』の中で「文庫」という名称で西洋諸国の図書館を紹介したことから生まれる。その具体例として、大英博物館図書館部やロシア帝室図書室、パリ国民図書館などが紹介されていた。そこで紹介された図書館の発想はわが国の風土の中で受容され、国策として展開されるようになった結果、書籍館の創設に至ったのである。この書籍館は、後の明治 23（1890）年に開館した貴族院・衆議院の図書館とともに、現在の国立国会図書館の源流になるものである。

書籍館は設置の翌年（1873 年）に博覧会事務局へ統合されたが、明治 8（1875）年には所蔵書籍を事務局に残すことを条件に、博物館とともに博覧会事務局から分離され、文部省所蔵図書などを集めた東京書籍館として新たにスタートすることになる。博覧会事務局に残された書籍館の書籍はその後、何度もの変遷を経て内閣文庫（現在の国立公文書館）となった。

東京書籍館はその後、収集活動を積極的に進め、西洋の図書館に比肩し得る本格的な図書館に発展したかに見えたが、政府支出削減の影響を受けて、明治 10（1877）年には廃館となるが、同年 5 月に東京府に移管されて東京府書籍館として衣替えした。しかし、その寿命は長く続かず、明治 13（1880）年には文部省所管に復帰し、名称を東京図書館に変え、さらに、日清戦争時には帝国図書館と名称変更されていく。

また、最初の公立書籍館として、明治 5 年に京都集書院が創設され、大阪府では集書院の影響を受けて明治 9 年に公立図書館として大阪集書館が設置されている。これら公立書籍館は、学術研究というよりも国民の教養を高めることを目的とし、入館料無償の施設として各地に置かれるようになる。

（4） 図書館・博物館の法制化

図書館および博物館に関する法規が定められるようになったのは、明治 12（1879）年の教育令からである。教育令は書籍館を文部卿の監督下に位置づけていた。翌 13 年の改正教育令は、図書館設置手続きの厳格化を図るものとなり、たとえば、府県立書籍館は文部卿の認可を要し、

町村立のものは府県知事の認可を義務づけるものと規定したのである。

　こうしてわが国の社会教育政策は図書館および博物館という、いわば教材提供型の教育施設を中心に進められ、国民の向学心を高めるための雰囲気づくりに資したのである。この頃には、社会教育や通俗教育という概念は未だ存在していなかった。

2　明治後期の社会教育——通俗教育期

(1)　通俗教育前期——明治19年頃から明治20年代

　明治19（1886）年頃から同44（1911）年頃まではわが国社会教育が発展してきた第二期にあたり、一般的には「通俗教育期」と称される。通俗教育期は、明治18（1885）年12月の文部省職掌に「通俗教育」が加えられ、官制用語とされたのに始まり、20年代にそれが盛んになっていく時期である。通俗教育とは、主として「下流人民」を対象に、平易に教育のことを理解させることを目的としていたが、大人への教育の普及の手段としての意味も有していたとされ[*3]、主として通俗教育談話会や通俗教育会などを通して行われていた。

　それでは、なぜ通俗教育が進められたのであろうか。当時、政府によって小学校の就学率を高めようとする努力が払われたものの、他方において不就学の児童が少なくないのは、「おとなの、殊に父兄の無知・教育に対する無理解によるところが大きいとの認識から出たのが通俗教育にほかならなかった[*4]」と言われる。そのため、当時の通俗教育は学校教育の内容を大人に普及しながら義務教育の補完的な役割を果たすものであり、主として学校の教師たちによって担われていた。

(2)　通俗教育後期——明治30年代から明治末頃

　明治30年代以降になると、通俗教育は以上のような学校教育の補完という意味だけでなく、民間の社会教育組織を通して多様な活動としても展開されるようになる。その背景には、日清戦争勝利によって国民の間にナショナリズムが高揚し、これが国民の間に様々な教育活動を促すエネルギーになったことがあると言われる。この頃には通俗教育関係の組織は量的にも質的にも充実するようになり、たとえば、愛国婦人会、地域婦人団体、戸主会、尚武会、帝国在郷軍人会、中央報徳会、中央農政会などが活動を推し進めた[*5]。中央報徳会は、半官半民的な教化団体と

され、官僚や財界人を指導部として行政単位に各地に置かれ、地方有力者会員を通して青年団や戸主会、婦人会等の地域組織を指導する全国組織であった。

通俗教育の目的は学校教育の補完に止まらず、青年や婦人、農民など対象毎に設定されるようになり、教育方法は演説会や講習会、遊説、倶楽部などと並んで、幻灯（スライド）や活動写真（映画）、レコードなどの視聴覚媒体も用いられるなど多様化していく。なかには、講談や義太夫、演劇など娯楽的要素も加えながら教育方法の工夫も試みられた。今日の生涯学習や社会教育事業においても娯楽的要素が見られるのは、当時のそうした試みが脈づいているからである。

この頃になると、図書館は公共的性格を強め、子どもや青年だけでなく大人にとっても、任意の時間に教養を高めるのに最適な施設として認識され、普及していった。そして、秋田県立図書館など一部地域では巡回文庫も実施するようになる。[*6]

学校開放が行われるようになったのもこの頃からである。明治36（1903）年の文部省通牒は、小学校の校舎や校庭を一般国民（公衆）のための体育や集会の場として利用できるよう定めた。その後、地方改良運動が展開される中で、教師が町村の教化的な社会教育活動の中心的存在となるよう求められてくる。こうして、施設開放と教師の社会教育支援という二つの観点から学校教育と社会教育の連携が推進されるようになったのである。

以上のように、現在の社会教育の原型は、ほぼこの頃に見いだすことができると言ってよい。

3　大正から昭和初期──社会教育期

（1）思想善導としての社会教育

この時期は、通俗教育から社会教育への移行期に当たり、反政府的な運動や活動に対処するために国民思想の健全化を図ることに重点が置かれた。そうした思想の健全化は「思想善導」と呼ばれたのである。

明治43（1910）年、幸徳秋水ら社会主義者が検挙された大逆事件を契機に、社会主義思想やその活動の浸透に対抗するために国民思想を健全化することを目的として、通俗教育調査委員会が設置された。こうして有害無益な社会主義の浸透を防ごうとする思想善導の手段として社会教

育政策が進められるが、同時に大正デモクラシーの影響を受けて国民の自主的な学習・文化運動も積極的に行われるようになる。

　つまり、この時期の社会教育は、国民の思想を統制する思想善導という側面と、民主主義思潮に支えられた国民の自発的・自主的な学習・文化活動という側面をあわせもつ形で発展し、体制を整備・拡充させるようになったのである。

(2) 通俗教育から社会教育への発展

　社会教育体制の整備は、まず大正6（1917）〜大正8（1919）年の臨時教育会議の答申、特に大正7（1918）年の通俗教育の改善・方法に関する答申によって本格的に進められる。同答申は、①文部省内に通俗教育を審議する調査会を設置すること、②文部省内に通俗教育を担当する主任官を設置すること、③各地方にも同じく主任官を設置すること、④通俗教育担当者の養成機関を設置すること、⑤善良な書物を供給するために施設を積極的に設置し、同時に出版物を取り締まることなど11の改善策を提言した。この中には、活動写真等の取り締まり、劇場や寄席の改善、健全な音楽の奨励と俗謡の改善など文化に対する介入も含まれていた。

　大正8（1919）年には、文部省普通学務局に社会教育を担当する第四課が新設されたが、その初代課長である乗杉嘉寿は、通俗的な方法による教育ばかりでなく、高度な専門的知識や思想を伝えることも必要であると主張していた。その背景には、大正デモクラシー運動の高揚期の中で、市川房枝らによる新婦人協会の誕生や長野県上田市の信濃自由大学の創設をはじめとする国民の自己教育運動の組織化があったとされる[*7]。

(3) 社会教育主事の誕生

　大正10（1921）年には、文部省官制改正によって「通俗教育」が「社会教育」に改められ、さらに大正12（1923）年に普通学務局第四課が社会教育課に改組されて、名実ともに「社会教育」の時代を迎えた。この社会教育課は、図書館・博物館、青少年団体・処女会、成人教育、特殊教育、民衆娯楽改善、通俗図書認定、その他社会教育関係を所管する課とされた。

　そして、大正14（1925）年に勅令「地方社会教育職員制」が発せられ、全国に社会教育主事60人以内、社会教育主事補110人以内をそれぞれ

置くこととされ、社会教育主事が制度化されるに至る。現在の社会教育主事制度はここに始まったのである。だが、それ以前にも地方には社会教育主事は存在しており、大正9年には全国25府県に置かれていたので、「地方社会教育職員制」は社会教育主事の配置を全国的規模で進め、その職制を正式に制度としようとするものであったと解釈できる。

　当時の社会教育主事はどのような具体的職務を担っていたのか。熊本県の例を見ると、「社会教育職員ハ上司ノ命ヲ承ケ左ノ事務ヲ掌リ兼テ視察又ハ指導ニ従事ス」と定められていた（熊本県社会教育職員職務規程、大正10年12月）。このうち「社会教育職員」とは社会教育主事および社会教育主事補を指す。その中にある「左ノ事務」とは、①青年団・処女会、②補習教育、③図書館並びに巡回文庫、④教育的観覧施設、⑤民衆娯楽、⑥社会教育諸会、⑦その他社会教育に関する事項とされる。これら事務に加えて、視察調査の結果を知事に申告すべきとされ、また社会教育に関する意見を知事に述べることができ、青年団や処女会等に意見を申し述べるものとされていた。[*8]

（4）思想善導と地方改良運動の強化

　普選運動の高まりとともに、成人に対する新たな教育のあり方が模索され、「成人教育」の概念も登場してくる。

　すでに大正12（1923）年には、日本成人教育協会が設立されており、労働者教育運動も展開されるようになるなど、勤労者のための成人教育にも注目が注がれていた。しかし、大正から昭和にかけて不況が慢性化すると、それら運動は下火になり、むしろ青年団や婦人会、教化団体などの国家的再編成が進められ、昭和3（1928）年には中央教化団体連合会が結成されている。同時に、余暇改善の方策によって国民のエネルギーは徐々に国家主義的な方向へと吸収され、教化総動員を迎える素地が整えられたのである。

　なお、この頃には、思想善導と地方改良運動などの影響を受け、地方公共図書館が急増する。明治44（1911）年時点で445館に過ぎなかった公共図書館は、昭和4（1929）年にはその約10倍の4,553館に増えたのである。[*9]

　そして、昭和4年、国民教化と思想善導の拠点として、文部省に社会教育局が創設されることになる。[*10]

4 戦時期の社会教育——昭和初期から昭和20年

(1) 教化総動員と社会教育

　この時期は、「社会教育が全体として国民教化の側面からファシズムの形成と進展に深く関わった[*11]」と言われる。文部省社会教育局は、青年教育と成人教育をもっぱら担当し、国民教化を推し進める役割を果たすこととなる。昭和4（1929）年、教化総動員運動が展開され、その担い手となる教化団体が体制化されると、「社会教化団体に関する事項」が社会教育局の所管に加えられた。

　この教化総動員運動とは、①国体の観念を明徴にし、国民精神を剛健ならしむること、②経済生活の更新を図り、国体の培養に努めることを目的とし、勤勉貯蓄や全村融和などを原理とする教化活動を国民のあらゆる層に浸透させるものであった。

　当時の政府は、恐慌以後台頭しつつあったマルキシズム思想やプロレタリア運動などの高揚を危機としたため、これに対するための教学イデオロギーの国民への浸透を社会教育に託し、教化団体の全国的組織化を図り、家庭教育の振興なども推し進める必要があった。

(2) 青少年教育の推進

　そうした中で、青少年に対する校外教育にも重点が置かれるようになる。少年団は明治末から結成され、大正期に増加傾向を見せ始め、乃木少年団やボーイスカウト、少年赤十字など全国組織も結成されたが、昭和の不況を迎えた頃には社会主義的色彩を帯びる例も出始めた。授業料廃止を求めて同盟休校したり、争議行為に関わる少年団が現れたのである。

　そこで、これらの動きに対抗するために国は、昭和7（1932）年、文部大臣訓令「児童生徒ニ対スル校外生活ニ関スル件」によって、全国の学校毎に校長を団長とする少年団を置くよう求めた。府県や政府は健全な少年団の指導に力を入れるようになり、児童生徒の校外生活を指導し、社会生活の訓練を行うことによって、敬神崇祖、社会奉仕、協同互助、規律節約、勤労愛好等の精神を養うために、単位学校に少年団（小学校3年生以上）を編成していく。そして、少年団の全国組織として、昭和10（1935）年には帝国少年団協会が結成されたのである。

　一方、青年の社会教育施策にも変化が見られた。第1回普通選挙の実

施を契機に、青年の政治意識が高まり、青年団も政治的傾向を帯びるようになり、昭和初めの不況以降からは、青年団自主化運動など権力統制に抗する動きを見せてくる。これら動きを危惧した権力側は、青年団の自由な活動を抑制しようと試み、そして満州事変を境に青年団を戦時体制の方向に引き込むように指導していく。これまで連合体的性格をもっていた大日本聯合青年団は、統制機関へと性格を変え、昭和16（1941）年にはその名称を大日本青年団に改めた。

　昭和10（1935）年には、実業補習学校と青年訓練所を統合した青年学校（夜間課程の学校）が設置され、同14（1939）年に男子に限ってその義務化が図られる。これは中学校で実施されていた「教練」（軍事的訓練）を中学校非進学者である青年にも行うための措置とされる。こうして青年学校で実業教育と在郷軍人による軍事教練を行うなどして、青年層にも教化総動員運動が推し進められたのである。

（3）戦時体制の中の社会教育

　昭和12（1937）年の日中戦争以後、政府は挙国一致・尽忠報国・堅忍持久を目標とする国民精神総動員運動を展開し、同年12月には教育審議会を設置して戦時下の教育改革を審議させた。同審議会は、答申の中で、社会教育が教育勅語の本旨を受け止め、実際生活の中に皇道の道を修め、実践させることを目的にすることを示した。こうして社会教育を通して戦時下の国家的イデオロギーを国民に浸透させることに力点が置かれたのである。

　その後、昭和15（1940）年になると、官製的な国民統制組織として大政翼賛会が結成され、より強力な思想統制の体制が整えられる。文部省は戦況の長期化と悪化の影響を受けて、社会教育局を廃止し、国民教化局に改組して、社会教育行政も戦時体制化するようになる。そうして、戦時教育令を経て、終戦を迎えることになったのである。

　以上のように、明治末から戦前までの社会教育は教化団体や青年団体、婦人団体など団体を中心に、知識啓発だけでなく、主として思想善導を図るための教化として発達し、戦時下においては国家イデオロギーを学校外の場面で国民に浸透させるための手段としてその役割を果たしてきたのである。しかし、終戦を契機に社会教育は大きく方向転換を迫られることになる。

第2節　戦後社会教育の展開期

1　社会教育の再生期——昭和20年から昭和34年頃

（1）社会教育の法整備

　戦後、新たな形で社会教育が再生し、そのあり方が模索されつつ法整備がなされ、昭和34（1959）年に社会教育法が大きく改正されてから社会教育は安定するようになる。この間は社会教育の再生期だと言ってよい。

①　社会教育法の制定

　戦後、わが国の教育は大きく方向転換した。昭和20（1945）年にポツダム宣言を受諾すると、文部省は同年9月、「新日本建設の教育方針」を発表し、社会教育や青少年団体に関する方針を含めた戦後教育改革のあり方を示した。

　戦後の社会教育が当面目指したのは、「戦時下の極端に統制的指導の色彩の濃かった社会教育の崩壊や、敗戦による混乱した事態の収拾」であり、ついで、「民主主義の普及徹底がその主要な内容」であった。その意味で、成人教育の重要性が各所で指摘された。

　この時期、社会教育の民主化に大きな役割を果たしたのが占領軍下のCIE（民間情報教育局）であった。これは米国教育使節団来日までの間に、戦前日本の教育の問題点を調査し、報告することを任務とする組織で、戦前の日本の教育が極端な画一主義によるもので個性を否定していたことに大きな問題があると指摘した。ついで、昭和21（1946）年にジョージ・ストダード団長が率いる第1次米国教育使節団が来日し、戦後日本の教育のあり方を報告書にまとめた。報告書は、日本の教育の目的と内容、教育行政、教員養成、成人教育、高等教育、国語改革などに及ぶもので、そのうち成人教育に関しては、①文部省に社会教育局を設置すること、②大学以下の諸学校に成人教育機能を発揮させること、③公立図書館を整備し、教育映画を普及させる拠点とすること、④科学・産業・歴史・美術に関する公立博物館を設置すること、⑤講演会・フォーラム・討議などの民主的な教育方法を普及させることを提言したのである。

　同年8月には教育刷新委員会が設置され、その中の第一特別委員会は教育基本法案を作成し、戦後教育の根本的なあり方を示した。教育基本

法制定後の昭和 23（1948）年 4 月には、同委員会が建議「社会教育関係立法の急速な実現を要望する」を提出し、社会教育法の制定を促した。その結果、昭和 24（1949）年に社会教育法が制定され、社会教育の意義や目的、国や地方公共団体の役割、社会教育の制度（社会教育委員、社会教育主事など）、社会教育関係団体、公民館、学校開放、通信教育などに関する規程が定められた。ただ、図書館と博物館については別途独立した法制定が予定され、社会教育法には具体的な規程が盛り込まれなかった。

② 社会教育関係諸法の制定

そして、昭和 25（1950）年に図書館法、同 26（1951）年には博物館法がそれぞれ制定され、さらに同 28（1953）年に青年学級振興法も制定されて、戦後社会教育の法制度が整えられたのである。特に、社会教育法は「奨励法・助長法」としての性格を有するものとされ、社会教育行政の役割を環境醸成に置くものと規定した。また、この頃、社会教育関係団体の全国組織化が進み、日本 PTA 全国協議会や全国公民館連絡協議会などが結成されている。

(2) 公民館の創設

「公民館」の名称をもつ施設はすでに昭和 16（1941）年に、当時の元読売新聞社主である正力松太郎によって、現在の岩手県奥州市水沢区に民間施設として創設されたと言われる（現、奥州市後藤伯記念公民館）。

この公民館とは別に、戦後復興の拠点として、社会教育の中心施設となる公民館の設置が奨励されるようになる。その公民館の生みの親とも言われる文部省社会教育課長の寺中作雄は、公民館構想を示し、それが、①民主主義を我がものにするため、②豊かな教養を身につけるため、③郷土に産業を興し、郷土の政治を立て直し、郷土の生活を豊かにするために、公民館を建設すべきだとした。その公民館とは、「郷土の足場としてそのような公民的性格をお互いに陶冶修養する場所」と位置づけた。ここで言う「公民」とは、公共を重んじる性格をもった人のことだとされる。

公民館は、①社会教育機関であること、②社交娯楽機関であること、③町村自治振興の機関であること、④産業振興の機関であること、⑤新しい時代に処すべき青年の養成に最も関心をもつ機関であることとされた。

文部省は昭和21（1946）年7月に、次官通牒として「公民館の設置運営について」を示し、公民館の設置を文部省政策に位置づけた。同通牒の付帯文書「公民館設置運営の要綱」は、「公民館は全国町村に設置せられ、此処に常時に町村民が打ち集って談論し読書し、生活上産業上の指導を受けお互いの交友を深める場所である」と解説している。

　こうして、公民館は戦後の復興と郷土振興の中心的な機関として登場するが、それは社会教育機関であると同時に、産業振興や地域文化振興、町村民の集いの場としても機能する機関とされていたのである。そのため、「産業指導や村づくりの指導を公民館が行うというような誤解」も生じ、「他の行政部門の事業との間に摩擦を生じる」こともあったと言われる。[*15]

▪ 図2-1　公民館創設時のイメージ

［資料］寺中作雄監修・小和田武紀『公民館図説』岩崎書店、昭和29年。

　その後、社会教育法の制定によって、公民館に関する具体的規定がなされる。同法は公民館の目的を、「市町村その他一定区域内の住民のために、実際生活に即する教育、学術及び文化に関する各種の事業を行い、もつて住民の教養の向上、健康の増進、情操の純化を図り、生活文化の振興、社会福祉の増進に寄与すること」とした。そして、地域施設であることから、都道府県ではなく市町村（当初は町村による設置が構想された）が設置することと定められた。

　公民館はその目的を達成するために、以下の事業を行うものとされた。

①定期講座を開設すること。
②討論会、講習会、講演会、実習会、展示会等を開催すること。

③図書、記録、模型、資料等を備え、その利用を図ること。

　④体育、レクリエーション等に関する集会を開催すること。

　⑤各種の団体、機関等の連絡を図ること。

　⑥その施設を住民の集会その他の公共的利用に供すること。

　公民館は全国的に設置するよう促されたが、昭和21（1946）年の文部省通牒に「町村」が設置するものと記されていたため、農村社会を中心に設置されるようになり、図書館・博物館・公会堂などがある都市部にはあまり設置されなかった。実際、東京都23区では杉並区（現在、社会教育センター）と練馬区（現在、生涯学習センター）の2区に存在したが、これ以外の区には設置されないままで、大阪市にも見られないのである。

　ともあれ、公民館はその後、都市部にも設置されるようになり、その数を着実に増やし、社会教育の中心施設として多くの人たちに利用されるようになる。昭和33（1958）年には、全国の都市の88%に設置され、その数は34,650館に増えたのである。

　なお、現在（平成30年度）、公民館設置数は13,632館で、これに「公民館」という名称をもたない類似施設を含めてもその設置数は13,798館であることを考えると、昭和33年当時の公民館数がいかに多いかが理解できる。しかし、中には、建物をもたない「青空公民館」や年に数日の行事だけを行う「看板公民館」なども見られた。[*16]

▪ 表2-1　公民館の設置数（昭和22～33年）

調査年月	市町村数	設置市町村数	設置率	公民館数		
				総館数	本館数	分館数
昭22.8	10,504	2,016	19%	――	――	――
昭24.9	10,499	4,169	40%	10,000以上	――	――
昭25.4	10,475	5,275	50%	16,783	――	――
昭26.5	10,204	6,212	62%	23,184	6,599	16,585
昭28.5	10,055	7,426	74%	34,244	7,973	26,241
昭30.9	4,833	4,025	83%	35,343	7,977	27,366
昭32.4	3,896	3,365	86%	33,731	7,466	26,257
昭33.4	3,701	3,261	88%	34,650	8,099	26,551

［資料］文部省『社会教育10年のあゆみ』社会教育局、昭和34年、p.180のデータをもとに、一部データを省略して作成した。

2　社会教育法の大改正──昭和34年から昭和46年

（1）社会教育法改正の背景

　戦後の社会教育は、昭和34（1959）年の社会教育法大改正によって大きく前進することになる。社会教育法は昭和26（1951）年にも改正されているが、昭和34年の改正は大改正と呼ばれるように、社会教育法の内容を大きく変えるものであった。

　この時期、青年サークル運動や平和運動などをはじめ自主的な活動が広がり始めたが、同時に社会教育活動に対する指導強化や道徳教育の重視など国による管理指導体制を強める動きも見られる。社会教育法大改正はそうした国の管理指導体制を強化する方向で行われたと言われる。[*17]

（2）改正の要点

　その改正案の内容は、以下の四つの領域にわたるものであった。

> ①　**社会教育主事関係**……市町村に社会教育主事を必置とすること／資格認定条項を加えること／主事講習は文部大臣の委嘱を受けた大学・教育機関などが行うこと
> ②　**社会教育関係団体関係**……団体に対する補助金禁止規定を削除し、これを一定の条件のもとで可能にすること
> ③　**社会教育委員関係**……市町村の社会教育委員が青少年教育に関する特定事項について、関係団体・指導者等に助言と指導ができるようにすること
> ④　**公民館関係**……分館の規定を設けること／文部大臣が公民館の設置・運営基準を定め、これに従って市町村に対して指導・助言その他援助に努めること／公民館職員に「主事」の職名を加えること／「主事」の研修は社会教育主事の研修に準じて行うこと／公民館が複数設置されているときには公民館運営審議会を一つにまとめて設置できること／公民館運営審議委員に報酬を支給できること／予算の範囲で国庫による経費の一部補助ができること

　このように、全体的に国による補助金の交付などを広い範囲で可能にし、これに伴うように指導性の強化を図るものであるため、学識経験者などから反対意見が出されたが、結局成立を見ることになる。

(3) 社会教育の条件整備の進展

　以後、社会教育をめぐって様々な議論が活発に展開されるようになっていく。しかし、この法改正によって、社会教育主事の配置数が増え、公民館の拡充が進み、社会教育の条件整備が充実したのも事実であった。

　たとえば、社会教育主事・主事補の配置数を見ると、改正前の昭和33（1958）年3月時点では、655人（うち市町村は508人）であったのが、昭和35（1960）年には1,408人（うち市町村は856人）にまで増え、さらに同38（1963）年には2,661人（うち市町村は2,090人）に急増している。市町村の社会教育主事はその5年間に約4倍増になったのである。[*18]

　一方、公民館は社会教育法改正によって、施設費の助成も増額され整備が進んだ。改正後、設置数はむしろ減少傾向にあるが、これは分館の減少によるものである。つまり、小規模な分館が廃止され、その分、本館施設の整備が行われて、公民館機能が本館に集中するようになったからである。

(4) 図書館・博物館の充実

　図書館については、戦後、図書館事業に対する国の助成が行われ、次第に充実してきたが、一時期その設置数は減少してくる。しかし、昭和30（1955）年以後、図書館は次第に増加し始め、特色ある奉仕活動が展開され、司書配置数も増えるなど、全国に定着するようになっていく。博物館も図書館同様に施設費、設備費に対する国の補助金交付が進められ、学芸員配置数も徐々に増えた。昭和30年7月の文部大臣通達「博物館法の一部を改正する法律の施行について」は、博物館相当施設に関する規定を明確にし、その教育活動を助長するよう示したものである。また、これまで博物館の専門職員である学芸員は「人文科学学芸員」と「自然科学学芸員」に種別されていたが、これを廃止し、すべて「学芸員」の職名に一元化された。

　そのほか、青年教育の充実や家庭教育学級の振興、成人教育としての学校開放・大学開放などの施策も進展するなど、この時期は社会教育の条件整備が大きく整えられた頃だと言ってよい。

3 社会教育の停滞期——昭和46年から昭和63年

(1) 社会教育行政による生涯教育の受容

　昭和30年代中頃から40年代にかけて、わが国の社会教育は質的にも量的にも充実してきたと言える。

　昭和40 (1965) 年には社会教育の方向を変えたとも言える生涯教育の考え方が国際機関であるユネスコで議論され、その会議に出席した学識者によってわが国に紹介された。

　当時の文部省社会教育課長の林部一二によれば、生涯教育とわが国の社会教育のそれぞれの考え方が同様なものと見なされたため、当時の文部省社会教育課が生涯教育の窓口になったと言う。[*19] しかし、生涯教育のアイデアは、なかなか現実的な具体策を生み出すことなく、社会教育行政の中に埋没した状態に置かれていた。

　その後、昭和46 (1971) 年4月には、文部省の社会教育審議会は答申「急激な社会構造の変化に対処する社会教育のあり方について」を文部大臣に提出し、①乳幼児から高齢者まで生涯の各時期における社会教育の課題を再検討し、②社会教育の内容、方法、団体、施設、指導者のあり方と振興策を明らかにし、③そのための社会教育行政の役割と当面の重点施策を示した。

　答申の中で、生涯にわたる多様な教育課題に対応するためには学校教育だけでは十分でなく、変化する要求や個人等の多様性に応ずるためには社会教育の果たす役割がきわめて重要だとした。これはわが国で初めて「生涯教育」の考え方を取り上げた国の答申である。

　以後、一部の地方都市や農村部市町村が地域づくりという本来の趣旨とはややずれた形で生涯教育施策を開始し出すが、しばらくの間、生涯教育に関する具体的な取り組みはなかなか進まなかった。

　その後、中教審は昭和56 (1981) 年に答申「生涯教育について」を公表し、乳幼児期から高齢期に至る各期の教育課題を示した。生涯教育の文字をタイトルに掲げた最初の中教審答申であるこの答申は、生涯教育の考え方を広く関係者に浸透させる役割を果たしたのである。

(2) 社会教育の隘路と停滞

　しかしながら、この頃の社会教育はいくつかの壁にぶつかるようになり、徐々に停滞気味になっていく。

一つめの壁は、昭和40年代後半から各地に広がるようになった民間カルチャーセンターの台頭である。社会教育に類似する学習事業をハイセンスな雰囲気の中で展開するカルチャーセンターに学習者を奪われる状態になってきたのである。

　二つめの壁は、昭和50年代に展開された「行政の文化化」のもとで、一般行政が学習・文化事業を充実させるようになったことである。教育委員会以外の行政も「英会話教室」や「母親学級」など社会教育事業と同様な事業を多く実施したため、社会教育の学習者獲得が難しくなったのである。

　三つめの壁は、コミュニティセンターの登場である。コミュニティセンターは自治省（現、総務省）主導により昭和40年代中頃から登場し始めた地域施設で、公民館とは異なり、市民によって運営・管理がなされるものである。これと公民館との競合が危惧されるようになった。

　また、昭和61（1986）年には『社会教育の終焉』という著書が出され、社会教育関係者を驚かせた。
[20]

　その著者である政治学者の松下圭一は、「国民の市民として未成熟を前提としてのみ」成り立つ社会教育行政の前提がすでに破綻しているとし、市民を「オシエ・ソダテル」役割を担ってきた社会教育行政の終わりを告げ、これからは市民の自治的な市民文化活動こそが求められると主張したのである。

　以上のような局面を迎えた社会教育は、その基盤をぐらつかせるようになり、これに加えて昭和50年代の行政改革の中で真っ先に合理化の対象とされ、予算を削られるようになる。

　そうした状況下で、昭和57（1982）年には社会教育法一部改正によって、社会教育主事補は必置制から任意設置に変えられ、以後、その数を大きく減らしていった。

　社会教育は、カルチャーセンター、一般行政、コミュニティセンターという三つのライバルに直面し、さらに行政の合理化の対象とされるようになっただけでなく、次節で述べるように、生涯学習政策の勢いに押されて、ますますその存在感を弱めていくのである。

第3節　生涯学習の展開期

1　生涯学習体系への移行期——昭和63年から平成10年頃

(1)　臨時教育審議会と「生涯学習体系への移行」

　この時期の特筆すべき出来事として、臨時教育審議会（臨教審）が4次にわたる答申を公表したことがある。臨時教育審議会は中曽根内閣のもとで、昭和59（1984）年9月、内閣総理大臣の諮問機関として発足し、昭和62（1987）年までの間に、戦後教育を改めて見直し、その問題点を明らかにしながら、これからのわが国の教育のあり方を提言した。

　その答申は、「改革の基本的考え方」の一つとして、「生涯学習体系への移行」を取り上げ、「生涯を通ずる学習の機会が用意されている『生涯学習社会』、個性的で多様な生き方が尊重される『働きつつ学ぶ社会』を建設することが重要である」と述べる。

　そこでは、学歴社会の弊害の是正という視点を盛り込み、高校や大学への社会人入学（リカレント制などを含む）をはじめ、いくつかの新たな施策を提言した。単位制高等学校もここで提言されている。そして、最終答申にあたる第4次答申は、「生涯学習体系への移行」を教育改革の三つの柱の一つとして大きく取り上げたのである。

　提言の中でも注目すべきは、生涯学習社会において大学に期待される役割がきわめて大きいと述べ、これまで社会教育中心に展開される傾向にあった生涯学習政策に新たな視点を加えたことである。具体的には、大学の社会人受け入れのための弾力化や大学院の昼夜開講制、夜間大学院の開講などの提言も見られた。

(2)　「社会教育」から「生涯学習」への移行

　昭和62（1987）年の臨教審第4次答申の意義は、社会教育改革に止まらず、大学を中心とした学校制度改革を生涯学習の視点から示した点にあるとともに、「生涯学習体系への移行」という言い方からわかるように、「生涯教育」ではなく「生涯学習」の用語を選択した点にもある。

　同答申を受けて、翌昭和63（1988）年には、文部省の社会教育局が生涯学習局（現、生涯学習政策局）に改組され、行政上も「生涯学習」の用語が用いられた。

そして、平成2（1990）年6月に、わが国初の生涯学習関連法となる、「生涯学習の振興のための施策の推進体制等の整備に関する法律」（以下、「生涯学習振興法」と略す）が制定される。この法律は、都道府県の事業の推進体制の整備に関する基準の設定、地域生涯学習振興基本構想の作成と実施、文部大臣（現、文部科学大臣）および通産大臣（現、経済産業大臣）によるその構想の判断基準の提示、生涯学習審議会の設置、市町村の連携体制などに関して定めたものである。従来の社会教育行政が市町村を重視したのに対して、生涯学習振興法は都道府県レベルの広域行政の視点から生涯学習の振興を図ろうとするものであった。

　平成2年8月に、文部省の社会教育審議会が生涯学習審議会に改められ、これ以後、各地の都道府県や市区町村にも生涯学習審議会が設置されるようになるなど、「生涯学習」の用語が用いられ始めた。あわせて、各地の教育委員会の社会教育課も徐々に生涯学習課に改組されるなどして、社会教育は生涯学習の陰に隠れるようにその存在を弱めていくのである。

　社会教育と生涯学習は同じではないと言われつつも、こうして事実上は、社会教育は生涯学習に取って代わられたのである。

2　社会教育の曲がり角——生涯学習への吸収期
——平成10年頃以降——

（1）社会教育の後退
　平成10（1998）年頃から社会教育をめぐる状況にいくつかの変化が現れ始めた。まず、社会教育事業の後退現象が見られるようになる。たとえば、派遣社会教育主事の国庫負担制度が廃止された。これは昭和49（1974）年度から国庫負担事業として始まった事業で、都道府県によって給与負担がなされる社会教育主事（多くは教員出身者）を都道府県教育委員会が市町村教育委員会に派遣する制度である。その都道府県の給与負担の2分の1を国が負担するものであった。この国庫負担制度の廃止によって多くの派遣社会教育主事が市町村から引き上げられ、社会教育主事の配置数は大幅に減少したのである。

　また、平成11（1999）年4月には、高等学校進学者が100％に近づいたことを理由に、同年7月法律87号により青年学級振興法が廃止されることとなり、平成12（2000）年4月に施行された。青年学級は、主として勤労青年を対象に通年で実施される社会教育事業で、一定の条件

のもとでその経費の3分の1を国庫によって負担されていた。廃止前の平成7（1995）年度には、全国で751学級実施されていたが、以後、文部科学省調査の対象から外されるほど、その数は激減した。

　このように、これまでの社会教育振興事業が廃止されるなど、社会教育の後退現象が見られたのである。

(2) 社会教育制度の弾力化

　次に、社会教育制度の弾力化が図られ、社会教育の独自性が曖昧になった。平成11（1999）年には、社会教育法が一部改正され、これによって公民館運営審議会が必置制から任意設置制に改められる。それまで、住民の意向を反映させるために公民館には公民館運営審議会が設置され、この審議会の必置制こそが他の類似施設と異なる公民館の独自性をなしていた。しかし、任意設置制によって公民館は他の市民施設などと区別されにくくなった。同時に、公民館長の任命に際して同運営審議会の意見聴取を必須とする規定も除外された。

　また、同年に図書館法が改正され、国庫補助を受ける公立図書館の館長の専任規制が廃止された。そのほか、平成15（2003）年6月に、「公民館の設置及び運営に関する基準」が全面改正されると、昭和34（1959）年制定の同基準に記されていた公民館長と主事の専任規定が外された。

　これらは、国の地方分権推進会議による地方分権推進委員会第2次勧告（平成9（1997）年7月）の提言を受けて改革されたわけであるが、「地方分権」の名のもとに、社会教育の独自性の根幹をなしてきたとも言える必置制や専任制などが廃止されることによって、社会教育は骨抜きにされ、言わば生涯学習の中に吸収される形になったのである。

(3) 改正教育基本法と生涯学習

　平成12（2000）年には、教育改革国民会議の報告「教育を変える17の提案」が公表された。社会教育に関しては、家庭の教育力の向上や青少年に対する奉仕活動の義務化などを提案している。これら提案を受けて、平成13（2001）年7月に社会教育法が改正され、市町村教育委員会の事務に、家庭教育に関する学習事業の開催と青少年に対する体験活動に関する項目が加えられた。奉仕活動の義務化は、体験活動の実施と奨励に和らげられたのである。ただ、この報告には生涯学習の考え方がほとんど示されておらず、「社会人が大学・大学院に入学して学ぶ機会を

拡大する」という提言に止まった。

　その後、社会教育は子どもの体験活動を採り入れた放課後対策に力を入れ、平成19（2007）年度から生涯学習事業として放課後子どもプランを開始している。これは小学校等を拠点に体験活動の機会と学童保育の場を設けるものである。その後、平成28（2016）年度からはこのプランを発展させ、すべての子どもの居場所を確保しようとする「放課後子ども総合プラン」が実施されている。さらに平成31（2019）年からは「新・放課後子ども総合プラン」が実施されている。

　一方、平成18（2006）年12月に、教育基本法が全面改正され（旧教育基本法は廃止）、「生涯学習の理念」が以下のように記された。

（生涯学習の理念）
第3条　国民一人一人が、自己の人格を磨き、豊かな人生を送ることができるよう、その生涯にわたって、あらゆる機会に、あらゆる場所において学習することができ、その成果を適切に生かすことのできる社会の実現が図られなければならない。

　また、社会教育に関しては、以下の条文が盛り込まれている。興味深いことに、旧法の関連条文中には、「社会教育」の用語が記されていなかったが、新法では「社会教育施設」および「社会教育の振興」の2か所にその用語が見られる。臨教審以後、「社会教育」の文字を見ることが極端に少なくなってきたところであるが、改正教育基本法によって社会教育が再び注目されることが予想される。

（社会教育）
第12条　個人の要望や社会の要請にこたえ、社会において行われる教育は、国及び地方公共団体によって奨励されなければならない。
2　国及び地方公共団体は、図書館、博物館、公民館その他の社会教育施設の設置、学校の施設の利用、学習の機会及び情報の提供その他の適当な方法によって社会教育の振興に努めなければならない。

　今後の社会教育や生涯学習は、改正教育基本法のもとで、家庭教育の支援や青少年の居場所づくり、施設の充実とその運営の工夫、学校との連携、平成19（2007）年以降急増する高齢者への対応、成人教育の機会

の充実などの具体的対応に取り組むことが課題になる。

　そして、平成20（2008）年からは学校支援地域本部が文部科学省により社会教育事業として開始され、平成29（2017）年にはこの本部が地域学校協働本部として改められ、学校支援以外の諸活動も推進する仕組みとして生まれ変わった。

【註】

＊1　戦後直後までの時代区分については、国立教育研究所編『日本近代教育百年史7——社会教育（1）』および『同（2）』国立教育研究所、昭和49年、の区分により、それ以後の区分は筆者の分析によって設定した。

＊2　国立教育研究所編『日本近代教育百年史7——社会教育（1）』pp.13-14。

＊3　同書、p.386。

＊4　同書、p.385。

＊5　同書、p.402。

＊6　同書、p.406。

＊7　同書、p.757。

＊8　同書、pp.830-832。

＊9　文部省編『学制八十年史』（国立教育研究所、前掲書、p.877より引用）。

＊10　国立教育研究所、前掲書、p.867。

＊11　同書、p.6。

＊12　同書、pp.592-593。

＊13　寺中作雄『公民館の建設』公民館協会、昭和21年（寺中『社会教育法解説・公民館の建設』国土社、平成7年、pp.185-187）。

＊14　同書、pp.192-202。

＊15　文部省社会教育局編『社会教育10年の歩み——社会教育法施行10周年記念』文部省、昭和34年、p.178。

＊16　同書、p.181。

＊17　横山宏・小林文人編著『社会教育法成立過程資料集成』昭和出版、昭和56年、pp.36-37。

＊18　文部省編『学制百年史』帝国地方行政学会、昭和47年。

＊19　筆者が帝京大学在職中に、当時帝京大学教授であった林部一二氏（元帝京大学名誉教授）にインタビューした時の話による（平成4年6月4日、於：帝京大学林部研究室）。

＊20　松下圭一『社会教育の終焉』筑摩書房、昭和61年。

【その他参考文献】

◦岡本包治・山本恒夫編『社会教育の理論と歴史（社会教育講座第1巻）』第一法規出版、昭和54年。

◦新堀通也編『社会教育学』有信堂高文社、昭和56年。

◦藤田秀雄『社会教育の歴史と課題』学苑社、昭和54年。

◦梅根悟監修『社会教育史1』および『社会教育史2』（世界教育史研究会編『世界教育史大系36、37』）講談社、昭和49・50年。

第3章　生涯教育論の登場

　生涯学習の概念は、ユネスコが提唱した生涯教育の理念に由来すると言われる。わが国においても、生涯教育の考え方は昭和40年代初頭にユネスコから入り、社会教育に組み込まれる形で受容されてきたが、臨時教育審議会以降は学習者の主体性を重視する観点から「生涯学習」という言い方に変えられ、もはや社会教育を飲み込むように浸透してきている。

　本章では、生涯教育の理念が誕生した背景と経緯を明らかにした上で、ユネスコやOECD（経済協力開発機構）の取り組み、そしてわが国の関係施策にも目を向けてみたい。このことは生涯学習を正しく理解するための道筋でもある。

第1節　ユネスコの生涯教育論

　すでに述べたように、生涯学習とは、もともとユネスコ（国連教育科学文化機関：UNESCO）の成人教育部長であったポール・ラングラン（P.Lengrand）によって生涯教育論として唱えられた概念であった。生涯教育は、特定の国や機関だけによって唱えられ取り組まれているものではなく、ユネスコをはじめとする国際機関で取り上げられていることに最も大きな意義がある。むろん各国では伝統や教育観の違いなどの国情に応じて生涯教育・学習に取り組んでいるため、その捉え方や推進方法・形態に独自性が見られる。そのほか、国際労働機関（ILO）、ユニセフ（国際連合児童基金：UNICEF）等の各国政府間による機関、そして国際成人教育協議会（ICAE）、アジア南太平洋成人教育協議会（ASPBAE）等の非政府機関（NGO）も何らかの取り組みを進めているが、とりわけユネスコと経済協力開発機構（以下、OECD）の生涯教育・学習論の及ぼす影

響は大きいと言える。そこで、本章では、ユネスコと OECD の生涯教育論について取り上げることにする。

　ユネスコはパリに本部を置き、教育、科学、文化、コミュニケーションなどの面で加盟国相互が協力し合うことによって、世界平和の確立に寄与することを目的とする、193 か国（令和 4 年 4 月現在）の加盟国からなる国連の専門機関である。後述する OECD が主として西側先進諸国 36 か国からなるのに対して、ユネスコ加盟国は、政治体制や経済の発達状況、文化的背景を異にする世界中の国々からなる点で異なる。

1　ラングランの生涯教育論

　ユネスコは昭和 21（1946）年に設立されると、第二次大戦以後の世界の復興と平和の確立のために成人教育の果たす役割の重要性にいち早く着眼して、成人教育推進のためのいくつかの国際会議を開催している。まず、昭和 24（1949）年にデンマークのエルノシアで開催された第 1 回世界成人教育会議がある。この会議は、戦後世界の復興に果たす成人教育のあり方や推進方法等に関して検討がなされた。ここでは主として欧米諸国を中心に協議が行われ、イギリス流の伝統的な教養主義に置かれた成人教育のあり方が討議された。

　その後、何度かの会議で生涯教育の意義が強調されるようになり、昭和 37（1962）年のユネスコ教育研究所が主催した成人教育国際委員会において、「生涯教育」が今後取り組むべき課題の一つとして提案された。そして、3 年後の昭和 40（1965）年には成人教育推進国際委員会がパリの本部で開催され、「生涯教育について」と題されたワーキングペーパーが、ユネスコ成人教育部長であった、かのポール・ラングランによって提出されたのである。この会議は、生涯教育の重要性を世界各国に知らしめ、国際的な議論をよびおこす契機になった点で大きな意味をもつ。

　ラングランは、「生涯教育について」の中で、生涯教育の範囲と必要性、その意義と推進方策などについて述べて、生涯教育をあくまでも「実体」ではなく、教育改革の一つの「アイデア」として提案したのであった。それ以前にも生涯教育の考え方や用語は存在していたが、概念や用語の使われ方が曖昧であったり、統一性をもっていなかった。そこで、将来の教育のあるべき方向性を示す指導的理念として「生涯教育」の考え方を改めて整理しなおして提唱したところにラングランの生涯教育論の意

義があると言えよう。

　ユネスコはこの提案を受けて、事業計画の大きな指針に「生涯教育」を据えるなどして対応を図っていった。昭和43（1968）年のユネスコ第15回総会においては、加盟各国が国際教育年にちなんで努力すべき12の課題が設定された。この課題の一つとして「生涯教育」が取り上げられたのである。

●生涯教育に関するユネスコの主な活動

昭和24（1949）年	第1回世界成人教育会議開催（デンマーク・エルノシア）
昭和35（1960）年	第2回世界成人教育会議開催（モントリオール）
昭和37（1962）年	成人教育国際委員会開催（ハンブルグ・ユネスコ教育研究所）
昭和40（1965）年	成人教育推進国際委員会開催。ポール・ラングランが「生涯教育について」を提出する。
昭和43（1968）年	第15回ユネスコ総会で国際教育年にちなむ課題として「生涯教育」が取り上げられる。
昭和46（1971）年	教育開発国際委員会（フォール委員会）の設置
昭和47（1972）年	フォール報告書（Learning to Be）提出
昭和47（1972）年	第3回世界成人教育会議開催（東京）
昭和47（1972）年	生涯教育に関する学際的対話集会開催（パリ）
昭和49（1974）年	生涯教育における高等教育の役割についてのシンポジウム開催（モスクワ）
昭和51（1976）年	第19回総会で「成人教育の発展のための勧告（ナイロビ勧告）」採択
昭和51（1976）年	生涯教育とカリキュラムに関するセミナー開催（タイ）
昭和58（1983）年	生涯教育の原理の適用に関する専門家国際会議開催（ハンブルグ）
昭和60（1985）年	第4回世界成人教育会議開催、学習の権利宣言を採択（パリ）
平成2（1990）年	万人のための教育世界会議開催（ユニセフ、UNDP、世界銀行と共催）（タイ）
平成5（1993）年	21世紀教育国際委員会（ドロール委員会）の設置
平成8（1998）年	ドロール報告書（Learning:the Treasure Within）

	提出
平成 25（2013）年	学習都市に関する国際会議（中国・北京）

2 「フォール・レポート」と東京会議

昭和 45（1970）年の第 16 回総会では、「生涯教育の考え方はあらゆる教育活動に光明を与えるものとして、その重要性が強調され、いまやこれを各国の実状に沿って具体的に実現するための措置が必要な段階に来ていると論ぜられ、生涯教育と教育の民衆化との密接な関連」が大切だと指摘された。[*1]

翌 46（1971）年には、第 16 回総会において決議された要望に基づいて教育開発国際委員会が設置される。この委員会は一般に委員長の名前からフォール委員会と呼ばれるもので、エドガー・フォール委員長のもとに昭和 46 年 2 月から翌年 4 月までの間に延べ 30 日の会合を重ねている。

会合では、世界各国の抱える教育の基本的な課題についての分析を通してその問題点を明らかにし、教育の将来のあり方を提案するための検討がなされた。

その検討結果が報告書「未来の学習」（Learning to Be, 一般に「フォール報告書」と呼ばれる[*2]）にまとめられ、昭和 47（1972）年 5 月に当時のユネスコ事務総長ルネ・マウに提出された。特にこの報告書は、生涯教育を将来のあり方を支配する重要な理念であるとし、「学習社会の建設」を提唱したことで広く知られている。

同年、東京で開催された第 3 回世界成人教育会議には、世界 85 か国の代表が集まり、これまでのモントリオール会議よりも発展途上の国々からの代表が多く参加した。会議では、社会の進歩や文化の発展に果たす成人教育の意義と、その重要性が確認された。そして、成人教育を発展させていくための指針を求める気運が高まり、その作成がユネスコに要請されたのである。[*3]

第 17 回総会ではフォール報告書の説明がなされるとともに、成人教育が単なる職業訓練に限定されることなく、個人や社会における生活の質的向上、さらに社会改革に貢献するよう目指すべきことが強調され、学校教育と学校外教育との連携を図ること、成人教育に家庭環境の改善や児童保護者のための教育を含んでいくことなどの必要性が唱えられた。またこの年から、ラングランに代わって E. ジェルピ（E.Gelpi）が担

当部長のポストに就いた。

　ジェルピは、「生涯教育の制度化に際して、制度化された教育と、その制度を創造していく主体との弁証法的関係を鍵にして、生涯教育が、社会における支配層の民衆への抑圧に対して、それをはねかえす力となるような内実を創っていくことを構想」[*4] し、社会において抑圧的な立場を強いられている人々の解放という視点を強調していると言われる。彼の思想は、その後の生涯教育のあり方をめぐる論議に少なからぬ影響を及ぼすことになった。

3　「ナイロビ勧告」の採択

　東京会議で要請された成人教育に関する指針の作成に関しては、第18回総会で「成人教育の発展に関する国際文書を採択することの適否の問題」として具体的に審議され、これを受けて、昭和51（1976）年の第19回総会において、「成人教育の発展のための勧告」（ナイロビ勧告）が採択された。勧告は、成人教育に対する統一的な理解を図るために、成人教育の定義、目標および戦略、成人教育の内容、方法・手段・研究および評価、成人教育の構造、担当者の訓練および地位、青少年教育との関係、労働との関係、運営・管理・調整および費用の負担、国際協力などについてのあり方を明確に示したガイドラインと言うべきものである。

　ここでは成人教育を、内容・程度、方法、フォーマルとインフォーマルの教育形態などを問わず、「その属する社会によって成人と見なされている者が、能力を伸長し、知識を豊かにし、技術若しくは専門的資格を向上させ又は新しい方向に転換され、並びに個人の十分な発達並びに均衡がとれかつ自立した社会的、経済的及び文化的発展への参加の二つの観点からその態度又は行動を変容させる組織的教育課程の全体をいう」[*5] とし、「生涯教育・生涯学習の普遍的体系の一部であり、かつ、不可分の一部をなすもの」（「ユネスコ総会報告書」、昭和51年）と定義した。

　その後、北欧諸国と発展途上国との間で成人教育に対する考え方の違いが表れるようになった。昭和53年の第20回総会（パリ）では、北欧諸国は成人教育事業の一層の強化を主張したのに対して、発展途上国側は児童に重点を置くノンフォーマル教育を重視し、成人教育が識字教育の一環で足りるとする意見を表明した。結局、識字教育を成人教育の第一歩と捉え、生涯教育の観点からも成人教育に重きを置くという結論になった。

4 「学習の権利宣言」の採択

　昭和55（1980）年に開催された第21回総会（ベオグラード）では、成人教育には、学校教育の様々な方法の導入、ボランティアの活用、大学等の高等教育機関の活用が重要であるとともに、生涯教育の観点から再検討する必要があるなど活発な議論が交されたが、それが識字教育に適用されるべきだとする議論も目立ってきた。昭和57（1982）年の第4回特別総会（パリ）において、「万人のための教育」について議論がなされ、各国から識字教育の重要性の指摘が強く打ち出された。[*6]

　以後、識字教育が成人教育の中心的な課題として捉えられるようになり、発展途上国側からは、初等教育の徹底と「文盲」（非識字）の一掃ならびに成人の「非識字」への回帰阻止が主張された。

　一方、先進諸国からは、生涯教育の観点から成人教育を拡充しノンフォーマルとフォーマル教育との連携が必要であり、生涯教育の観点から学校と学校外教育との緊密で効果的な調整が図られるべきだという意見が出された。[*7]こうした議論が展開された第22回総会（昭和58年、パリ）では、第4回世界成人教育会議への期待がにわかに高まっていく。

　そして、昭和60（1985）年には世界122か国からの代表が参加した第4回世界成人教育会議がパリで開催された。この会議では、基本精神をアピールするために、非政府機関である国際成人教育協議会が「学習の権利」宣言を提案し、これが満場一致で採択されたのである。

　「学習の権利宣言」は、第4回会議の成果の一つとして重要である。特に、学習の権利を贅沢なものでなく、また単に社会や経済の発展の手段に止めず、人間の生存に欠くべからざる基本的な人権だとアピールしたところに大きな意義がある。その一部を以下に示しておこう。[*8]

> 学ぶ権利とは、
> 読み書く権利であり、探求し分析する権利であり、想像し創造する権利であり、
> 自分自身の世界を解し歴史を著す権利であり、
> 教育資源を手に入れ利用する権利であり、個人や集団の技量を高める権利である。

5 「万人のための教育」と識字教育への取り組み

　昭和60（1985）年に開催された第23回総会（ソフィア）では、事業計画予算案審議において、「万人のための教育」について議論が進められた。発展途上国の大多数からは、初等教育の普遍化と「非識字の根絶」ならびに成人の識字教育の必要性が訴えられ、これに関するユネスコの援助が要望された。一方、先進国側は、発展途上国の発言を支持しつつ、生涯教育の観点から成人教育の重要性を強調し、特に第4回世界成人教育会議の勧告を実現させるべきことを指摘している。[*9] その実現にあたって、成人教育と平和・国際理解教育との連携が必要であるとする意見が東欧諸国から出された。また社会・経済的に不利益を受けている難民や移民ならびに少数民族の教育と社会適応の重要性が指摘された。

　ついで、第24回総会（昭和62年、パリ）では、事業計画第2委員会において、識字教育の重要性が一層強調され、それが最も優先されるべき課題として位置づけられることが多数国から支持され、識字教育関係予算の増額が図られ、さらにその充実が求められたのである。

　以上の審議課題を引き継いだ第25回総会（平成元年、パリ）では、識字教育が最重要課題であり、このために初等教育を完全に普及させるとともに成人に対して継続教育を通して充実していく施策が重要だとされ、加えて、社会的に不利益な状況に置かれている女性、移民、非都市地域住民に対する教育の普及の重要性も改めて認識されるようになった。そして、「万人のための教育世界会議」の準備および実行においてユネスコが主要な役割を担うべきだという意見も出される。[*10]

　そこで、機能的識字についての再定義と対応の検討の必要性が訴えられるとともに、「2000（平成12）年までに非識字を根絶するための行動計画」の採択が決議された。翌平成2年、タイで「万人のための教育世界会議」が開催され、「万人のための教育世界宣言」が採択されたのであった。

　このようにユネスコは、識字教育の充実と初等教育の完全普及を通して非識字の根絶と教育の機会均等の実現を目指す教育政策に重点を置くようになった。とりわけ昭和55（1980）年中頃からは、生涯教育そのものへの取り組みは表面に表れなくなり、成人教育を識字後教育として捉える考えがより重視され、今日に至っている。

　その後、ユネスコは、平成3（1991）年11月に21世紀の教育のあり方を検討課題とすることを決めると、これを受けて平成5（1993）年に

はジャック・ドロールを委員長とする21世紀教育国際委員会を発足さ
せ、その課題を検討する体制を築いた。そして、2年6か月の検討期間
を経て、平成8（1996）年にその報告書『学習：秘められた宝』（Learning
: The Treasure Within）が作成されたのである。これは、委員長の名前か
ら、ドロール・レポートとも呼ばれる。

　同報告書は、学校中心ではなく、広く社会を視野に入れ、また生涯に
わたる個人の学習のあり方をまとめたものであり、教育の基本になる四
本柱を提示している。四本柱とは、「知ることを学ぶ」「為すことを学ぶ」
「人間として生きることを学ぶ」「共に生きることを学ぶ」である。この
うち、「共に生きることを学ぶ」以外の三つの柱はフォール・レポート
で示されたものである。したがって、「共に生きる」すなわち共生のた
めの学習という新たな視座を加えたところにドロール・レポートの特徴
があると言える。

6　「学習都市」の推進

　近年、ユネスコは「学習都市」を提唱し、平成25（2015）年に中国
の北京で第1回学習都市に関する国際会議を開催し、以後、第2回会議
（メキシコシティ）、そして第3回会議（アイルランド）をそれぞれ開催
した。その学習都市とは以下のような都市だと定義されている。

■**●ユネスコの学習都市の定義**
- 基礎から高等教育までの包括的な学習を促進するためにあらゆる部門の
  資源を効果的に動員する都市
- 家庭及び地域社会における学習を活性化する都市
- 職場のための学習やそこにおける学習を推進する都市
- 現代的な学習テクノロジーの活用を拡充する都市
- 学習の質と卓越性を高める都市
- 生涯を通じた学習文化を育む都市

　具体的には、ユネスコ生涯学習研究所が学習都市の国際的プラット
ホームとして「学習都市に関するグローバルネットワーク」を構築し、
加盟国の都市に登録を募集したところ、日本では岡山市と佐賀県多久市
が登録都市となった（2021年現在）。

第2節　OECDのリカレント教育

　OECD は、世界的な高水準の経済成長を達成させ、また発展途上国への経済援助、そして世界貿易の拡大を目的に、先進諸国が国際経済全般について協議する機関である。現在、36 か国の加盟国からなる（平成30年11月15日現在）。昭和43（1968）年には、経済発展と教育のかかわりを重視する立場から、教育に関する革新的な研究活動を促進し、革新的・先導的な教育の実験の導入を進め、加盟国間の研究協力体制を確立するための一部局として教育研究革新センター（以下、CERI）が設置された。CERI は教育を経済発展という文脈の中で研究、実験していく教育研究機関である。OECD のリカレント教育は、この CERI を通じて提唱されたものであった。

1　リカレント教育の提唱

　リカレント教育とは、「義務教育もしくは基礎的教育以降のあらゆる教育を対象とする包括的な教育戦略である。その本質的な特徴は個人の全生涯にわたって教育を回帰的（recurrent）に、つまり、教育を、仕事を主として余暇や引退などといった諸活動と交互にクロスさせながら、分散することである[*11]」と定義されている。つまり、生涯学習の観点から、①青少年期に集中している教育を個人の全生涯にわたって散りばめること、②意図的な教育のもとでの学習と社会的な活動の中で行われている無意図的な学習との交互作用に着眼していること、に特色をもつ。そして、義務教育以後の学校教育、企業内で行われる現職教育、教養主義的な成人教育という三つの部門を総合化し、システム化しようとするのである。

　もともとリカレント教育のアイデアは教育の機会均等を推進する観点から提案されたものである。昭和45（1970）年にパリで開催されたOECD の会議で、教育の質的発展のため重点施策の一つとして取り上げられた。会議では、従来青少年や少数の者に独占されてきた学校教育をすべての人間に平等に与え、教育の不平等を是正しようとする政策として検討され、提唱されたのである。その会議報告は、翌年「教育の機会均等[*12]」と題して刊行されている。

　その後、昭和48（1973）年に刊行された報告書「リカレント教育：生

涯学習のための戦略[*13]」の中では、生涯学習の理念を受容する立場からリカレント教育が位置づけられるようになり、新たに、①回帰と交錯の原則という生涯学習を実現するための特別の戦略を確立する必要性があること、②リカレント教育の戦略を経済政策、社会政策、労働市場政策と関連づける必要があること、そして③個人の全生涯にわたって教育と他の形態の学習とを交錯させるという原則のもとに現在の教育体系を改革し、その再構造化を促進していくことが重要であること、などが提案された。ここに至って、リカレント教育は生涯学習構想の一つの具体策として位置づけられたと言えるのである。

2 「生涯教育」と「生涯学習」

ところで、OECD の場合、「生涯学習」の観点からリカレント教育を位置づけているが、そもそも「生涯教育」という考えはあり得ないものだとしている。「学習」と「教育」とを区別し、「学習」は人間の生活のあらゆる場面で行われるもの、つまり学校はもちろん、家庭、職場などでも現実に行われているものだが、「教育」は意図的に作られた場面において組織化、構造化された学習だと捉えている。したがって、「学習」は特定の場所や環境に限定されずに生涯にわたって行われるが、「教育」は他の活動等から一定程度隔離して行われるものであるから、永久的ないしは生涯継続して行われるということがあり得ない、というのである。ここに OECD の生涯学習論の特徴が指摘できる。

そして、これまでの加盟各国において取り組まれつつあるリカレント教育に関する政策を把握し、検討を加えて報告書「リカレント教育：動向と問題点[*14]」を昭和 50（1975）年に刊行している。

同報告書は、リカレント教育に取り組もうとする動きが加盟国間に見られていることに一定の評価を与えているが、学校教育と労働市場との関係が未だに十分に確立していないという問題点を指摘している。それを克服していくためには、政策の総合的な調整機関の設置、教育予算の配分、奨学金制度の導入、義務教育の改革、学校教育における成人学生枠の確保、教職員の現職教育の充実などの点を今後の検討される課題としてあげたのである。

こうしてリカレント教育に対する関心が高まり、それへの取り組みが動き出したのち、「リカレント教育の再訪：参加と財政のモード[*15]」と題

する報告書が昭和 61（1986）年に出された。ここではリカレント教育が提唱されて以来の加盟国の動向を明らかにするとともに、リカレント教育の実現の隘路となっている問題点を、教育と職業との関係および財政について触れている。たとえば、学校教育制度改革の現実的な難しさがある一方で、労働市場の側では義務教育終了後の常勤職場が十分に用意されていないことなどが指摘されている。

3　高等教育における成人の参加

以上のほかに、OECD はリカレント教育を推進していくための検討の視点として、成人の高等教育への参加を取り上げている。昭和 62（1987）年に刊行された「高等教育における成人」[16]は、11 か国の成人教育への取り組みと参加実態などについて述べた報告書である。報告書は、大きく三つのテーマ、すなわち①学位取得過程における成人の学習、②大学における継続教育の重要性、③成人の大学教育参加のインパクトの問題を中心に、各国の実状を取り上げつつ、大学における成人教育の重要性について次のように述べている。

> 「知識の一般化とその普及は、大学及びそれと同様の高等教育機関にとっての中心的な役割として現在にいたっている。伝統的に、教育を普及させるという仕事は、学校内の教育、それも主にフルタイムの教育に要請されるものであり、18 歳から 25 歳くらいまでの選抜された若い人のグループを対象にしてきた。しかしながら、現在のこのようなパターンは、社会経済的な発達によって徐々に、いや急速に変化しつつある。たしかに、学級での教育やフルタイムのコース、そして伝統的な若い学生はまだ教育の主流であるが、オフキャンパスや個人での学習、あるいはパートタイムでの学習や成人学生は高等教育において明らかに増加しつつある。
>
> 　以前は、成人の学生はほとんど見られなかったが、大学において新しいグループを作るほどに現在では多くなり、OECD の国々でその重要性は増してきている。そして学位取得を望まない学生の入学を認可するようになった現在、成人学生は、いまや学生の中での少数グループではなく、その数の上でも重要性をもつようになってきている。しかしながら、その重要性は高等教育にとって増してはいるものの、この新しい方向性についてはあまりその中身が知られていない。つまり、どんな教育が成人にとって必要

なのか、どんな勉学がより好まれるのか、どんな学習がベストなのか、成人学生を大学に入学させるように動機づける要因は何か、などの疑問が生じてくるのである。」

4　将来の共通課題

　平成 2（1990）年 11 月には、OECD 教育委員会閣僚レベル会議（OECD 教育大臣会議）がパリで開催され、これまでの進捗状況について振り返り議論するとともに、将来についての諸課題について検討を行っている。その結果、次のような加盟国に共通な政策の方向が確認された。[*17]

①生涯学習に向けての質の高いスタート・初期教育訓練の重要な役割
②生涯学習における質とアクセス
③「すべての人々のための」教育は、教育機会を十分に得ていない人々への優先的な取り組みを意味する
④非識字の克服
⑤カリキュラムの過密化を回避するための精選の必要
⑥教育訓練を行う教職の質の向上とその魅力の向上
⑦情報とアセスメント──改善の確認、問題点の診断
⑧研究開発の一層の推進
⑨教育訓練政策の国際化の推進
⑩すべての人々のための質の高い教育訓練に向けての財政的措置

　そして最後に、「目標は、すべての人々が、その生涯を通じて、積極的かつ継続的に学習を行うことを促進することである」と結んでいる。
　このように OECD 加盟国という、いわば先進諸国においてはリカレント教育の観点から、伝統的な大学観を脱却し、成人と大学、高等教育との関係を重視して、現実にその関係を深めつつある。加盟国の一つであるわが国においても、生涯学習の具体的な政策の一つとしてリカレント教育は検討されてきている。近年に至って、わが国においても文部科学省事業の一つとしてリカレント教育への取り組みがようやく開始された。
　現在、わが国で実現された施策として、たとえば、単位制高等学校の新設、大学の社会人入試制度の導入、通信制大学院の設置、サテライト・キャンパスの開設などがあり、これらはリカレント教育の考え方から生

まれたものだと言ってよい。

第3節　生涯学習の今後の課題

　ここで取り上げたユネスコとOECDとは、その加盟国と設立目的が大きく異なっているため、生涯学習に関わる論にも違いが見られている。もともとユネスコで提唱された生涯教育論であるが、どちらかと言えばユネスコの場合には生涯教育を現実化する具体的手だてが乏しいと言われる。発展途上国を含む世界各国を加盟国としているために、それぞれの社会・経済の発達状況や政治体制や文化的差異など国情の相違がある関係で、各国に共通する方向が見出しにくいことによるのであろう。

　一方のOECDの場合には、加盟各国が西側先進諸国という共通項を下地にもっていることから、各国が当面する共通の問題点や課題、将来的方向が見出しやすい。リカレント教育は、生涯学習を政策化していく具体的な戦略の一つなのである。また、有給教育休暇制度や社会人の高等教育への参加制度の導入なども検討され続け、現実化されてきている。

　そして、学習機会保障の捉え方にも違いがある。OECDの生涯学習論はとかく職業訓練との結びつきが強まる傾向が見られる。リカレント教育とは結局はリカレント労働であると言われるように、職業との関連を欠いて語れないものである。そうなると、生涯学習が労働・経済政策のいわば手段として利用されるにすぎない可能性もある。

　一方、ユネスコの「学習の権利宣言」は、この文脈とは別に、学習を人間の存在にとって不可欠のものと捉え、その権利を政府が保障すべきことをうたっている。学ぶことは、単に経済的発展のための手段だけではないことを主張しているのである。こうした考え方が識字教育をはじめとする「万人のための教育」への取り組みへと結実していくのである。

【註】
＊1　外務省『第16回ユネスコ総会報告』国際連合局、昭和47年、p.34。
＊2　UNESCO, Learning to Be : The World of Education Today and Tomorrow, UNESCO, 1972. 国立教育研究所内フォール報告書検討委員会訳『未来の学習』第一法規出版、昭和50年。
＊3　当時、国連大使として会議開催にあった廣長敬太郎氏に対するインタビューから（平成4年7月9日、於：帝京大学八王子校舎）。

＊4　赤尾勝己「E. ジェルピの生涯教育論をめぐる理論的潮流」文部省科研費報告書『各国生涯学習に関する研究報告──生涯学習海外研究班』平成 4 年、p.180。

＊5　文部省『第 19 回ユネスコ総会概要報告』学術国際局、昭和 52 年、p.42。

＊6　文部省『第 21 回ユネスコ総会概要報告』学術国際局、昭和 56 年、pp.55-56。

＊7　文部省『第 22 回ユネスコ総会概要報告』学術国際局、昭和 59 年、p.42。

＊8　UNESCO, Forth International Conference on Adult Education, Final Report, Paris,19-29, March, 1985. 伴恒信「ユネスコの主要報告書・勧告・宣言」日本生涯教育学会編『生涯学習事典』東京書籍、平成 9 年、p.567。

＊9　文部省『第 23 回ユネスコ総会概要報告』学術国際局、昭和 61 年、p.26。

＊10　文部省『第 25 回ユネスコ総会概要報告』学術国際局、平成 2 年、pp.36-38。

＊11　OECD - CERI, Recurrent Education: A Strategy for Lifelong Learning, OECD, 1973. 岩城秀夫訳「リカレント教育」新井郁男編『ラーニング・ソサエティ（現代のエスプリ No. 146)』至文堂、昭和 54 年、p.135。

＊12　OECD - CERI, Equal Educational Opportunity : A Statement of the Problem, with Special Reference to Recurrent Education, OECD,1971.

＊13　OECD - CERI, Recurrent Education : A Strategy for Lifelong Learning, OECD,1973.

＊14　OECD - CERI, Recurrent Education : Trends and Issues, OECD, 1975.

＊15　OECD - CERI, Recurrent Education Revisited : Modes of Participation and Financing, OECD,1986.

＊16　OECD - CERI, Adult in Higher Education, OECD,1987.

＊17　文部省「OECD 教育委員会閣僚レベル会合コミュニケ」学術国際局、平成 2 年 11 月（日教組教育改革推進委員会研究協力者会議編『現代生涯学習読本』エイデル研究所、平成 3 年より引用）。

【その他参考文献】

● Lengrand, P., *An Introduction to Lifelong Education*, Croom Hell,1975. 波多野完治訳『生涯教育入門』全日本社会教育連合会、昭和 55 年。

● E. ジェルピ著、前平泰志訳『生涯教育──抑圧と解放の弁証法』東京創元社、昭和 58 年。

●伴　恒信「ユネスコの生涯教育──概念の展開と現状」『日本生涯教育学会年報第 11 号』日本生涯教育学会、平成 2 年。

●本間政雄「OECD とリカレント教育」『日本生涯教育学会年報第 11 号』日本生涯教育学会、平成 2 年。

●佐藤一子『現代社会教育学──生涯学習社会への道程』東洋館出版社、平成 18 年。

●新海英行・牧野篤編『現代世界の生涯学習』大学教育出版、平成 14 年。

●赤尾勝己「ユネスコ学習都市に関する国際会議の概要と研究課題──第 1 回〜第 3 回会議をふりかえって」『学習社会研究 No.3 －学習社会と学習都市』日本学習社会学会、学事出版、平成 31 年。

第4章　生涯学習と学校教育

　前章で述べたようにユネスコ主催の成人教育推進国際委員会で初めて本格的に議論された生涯教育論は、わが国においては当時の文部省社会教育課を窓口として国内に紹介され、その後、秋田県などいくつかの地方公共団体で施策化されていった。昭和59（1984）年に発足した臨時教育審議会答申が「生涯学習体系への移行」を現代の教育改革の鍵概念に位置づけたのを皮切りに、以後全国的に生涯学習の推進が展開されてきている。わが国に紹介された当初、生涯教育は障害（者）教育と誤聞されたり、社会教育と同一視される一時的な混乱も見られたが、今日生涯学習は国民の約8割が耳にするほど、広く普及してきている。

　なお、生涯学習は地方において多くの場合、社会教育行政を窓口とするケースが見られるように、社会教育との関係が強いが、学校教育との関係も包含する概念である。本章では、生涯学習と学校教育との関係について述べることとする。

第1節　生涯学習における学校教育と社会教育の位置

1　教育の様式と特徴

　教育はその形態から見ていくと、フォーマル・エデュケーション（formal education）、ノンフォーマル・エデュケーション（nonformal education）、インフォーマル・エデュケーション（informal education）に分けることができる（図4-1）。フォーマル・エデュケーションとは学校教育に典型されるように、最も組織性、計画性が高く、その対象が明確な教育の形

• 図 4-1　教育上の様式と特徴

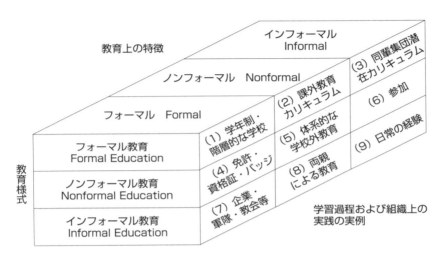

(注) ラ・ベル（La Belle,Thomas J.）による図解。
[資料] 金子忠史「アメリカ：青年から成人への移行期課程における学校教育と学校外教育の関連」『国立教育研究所紀要第 105 集』昭和 58 年、所収。

態である。ノンフォーマル・エデュケーションは学校以外の機関で行われ、ある程度の組織性、計画性をもつが、標準的な目的や内容をもたない教育を言う。インフォーマル・エデュケーションは社会の様々なところで日常生活を通して行われる無意図的、偶発的な教育機能である。

　わが国の社会教育はこのうちノンフォーマルな教育に該当する営為である。これまでわが国において学校以外の教育機会は、主として成人や勤労青年を対象にした社会教育によって担われてきた。具体的には、地方教育委員会および公民館等が開催する成人学校、市民大学、婦人学級、青年学級などの各種学級・講座あるいは関係団体がその機会を市民に提供してきた。社会教育はノンフォーマルであるから、学級・講座の場合、学習期間が 1 年を超えるものはまず見られず、公式的な修了資格が取得できるものもごく稀にしかない。

　このような特色をもつわが国の社会教育は生涯教育の考え方と基調を同じくするためか、それとの関係が強く認識されたのである。

　昭和 46（1971）年の社会教育審議会（社教審）答申「急激な社会構造の変化に対処する社会教育のあり方について」は、「生涯教育では、生涯に

わたる多様な教育的課題に対応する必要があるので、一定期間に限定された学校教育だけではふじゅうぶんとなり、変化する要求や個人や地域の多様な要求に応じることができる柔軟性に富んだ教育が重要になる」から、生涯教育に果たす社会教育の役割が大きいと言う。すなわち、わが国の社会教育が多様な人々を対象に、学校教育以外の場においてノンフォーマルな教育機会を提供することを通して後期中等教育の補完あるいは勤労者や主婦、高齢者に対する余暇教育として大きな役割を果たす意味において、必然的に生涯教育の発想に近い考え方を有していたからである。

したがってわが国の場合、生涯学習は首長部局で所管される事例も見られるが、文部省（当時）の社会教育局が生涯学習政策局を経て総合教育政策局に再編され、地方でも従来の社会教育課が生涯学習課に改められ、そうでない場合には社会教育部局の所管とされたように、組織制度の上でも社会教育との結びつきが依然として強い。ただし、生涯学習は学校教育と社会教育を再編するための理念という側面を有するものであり、けっして社会教育と同格の営みを意味するわけではない。

2　生涯学習の領域

前述の社教審答申は、「生涯教育という考え方は（中略）生涯にわたる学習の継続を要求するだけでなく、家庭教育、学校教育、社会教育の三者を有機的に統合することを要求している」と述べている。生涯教育が一つの政策上の理念だとすれば、プライベートな領域である家庭教育をそれに含めることに批判はあるが、少なくとも今日のわが国における生涯学習施策の実状においては、家庭教育が一つの領域を占めていることは確かである。わが国の社会教育が家庭教育を学習内容として包含していたことによるものと考えられるが、その場合にも、各家庭で営まれる具体的な教育に政策が及ぶものと解釈されるべきではない。

従来の教育を領域と学習者の発達段階との関係から見ていくと、おおよそ次頁のように図式化できる（図4-2）。

図4-2の縦に発達段階を、横に教育の領域を示し、それぞれがクロスするところに両者の関係を○記号等で表してある。幼児期には各種教育領域の中でも特に家庭教育が中心に行われ、以後少年期、青年期へと発達していくにつれて家庭教育の影響が弱まり、学校教育中心になっていくことを意味している。社会教育は幼児対象に行われることはほとんど

▪ 図 4-2　教育の領域と発達段階の関係

教育領域　発達段階	家庭教育	学校教育	社会教育等（企業内教育を含む）	
幼児期	◎	○		◎：関係強　○：関係弱　無：関係微弱
少年期	○	◎	○	
青年期	○	◎	○	垂直的統合
壮年期			◎	
高齢期			◎	

水平的統合

なく、むしろ発達段階の上昇に伴ってその関係が次第に強まり、特に学校教育以後の社会人を中心対象にして営まれていくわけである。

　このような関係性を均衡化していくことが生涯学習の大きなねらいの一つだと言ってよい。そのために、各種の教育領域を統合（水平的統合）するとともに、個々人の一生という時系列的な次元に沿って統合（垂直的統合）を図り、どのような発達段階にある人でもあらゆる教育領域にも接することができるような教育システムの実現を目指そうとすることにその意義がある。

▪ 図 4-3　わが国の生涯学習の領域

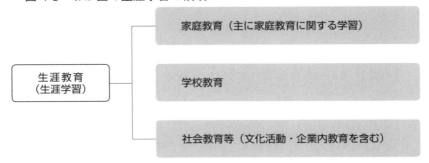

生涯教育（生涯学習）

家庭教育（主に家庭教育に関する学習）

学校教育

社会教育等（文化活動・企業内教育を含む）

　従来、学校教育以後の教育機会は主として社会教育によって提供されてきたことから、生涯学習における社会教育の占める範囲は大きかった。しかし、壮年・高齢期にある人々に対しても大学の社会人入学制度、放送大学、単位制高等学校など学校教育の機会提供が施策化されている今

日、生涯学習において学校教育の果たす役割がより強く認識されるようになったのである。

3　生涯教育と生涯学習

　昭和56（1981）年に中教審から出された答申「生涯教育について」は、生涯学習を「各人が自発的意思に基づいて行うことを基本とするものであり、必要に応じ、自己に適した手段・方法は、これを自ら選んで、生涯を通じて行う」学習だとし、この生涯学習のために「自ら学習する意欲と能力を養い、社会の様々な教育機能を相互の関連性を考慮しつつ総合的に整備・充実しようとする」ことが「生涯教育」だと定義している。つまり、「生涯学習」は学習者の立場から見た概念であり、「生涯教育」は学習機会を提供していく側から捉えた概念だと言うのである。

　臨教審答申以前に、秋田県をはじめ先導的な施策を開始していた地方公共団体や国では「生涯教育」という用語を用いていたが、臨教審では「生涯学習」という用語を採用した。その理由として、「学習は読書・独学など自由な意思に基づいて意欲をもって行うことが本来の姿であり、自分に合った手段や方法によって行われるという性格から、学習者の視点から課題を検討する立場を明確にするため、『生涯教育』という用語ではなく、『生涯学習』という用語を用いた」と述べる。

　OECDは生涯教育があり得ないから生涯学習を用いたのに対して、臨教審は中教審答申の定義を踏まえて、学習者の立場を重視するという意味において「生涯学習」という用語を採用したのであった。

　この答申を受けて、文部省（当時）は昭和63（1988）年に、これまでの社会教育局を生涯学習局に改組し、これに倣うように地方公共団体においても社会教育担当部局が生涯学習部局に改められた。ただし、「生涯学習」という用語が用いられているが、「生涯教育」が旧語に属し、「生涯学習」は新語であると言うわけではない。

　しかしながら、こうした動きを見るとき、学校教育が不在なことに気づく。つまり、生涯学習においては学校教育の役割が大きいはずであったのが、実際にはその存在が見えなくなっているのである。ここに従来の生涯学習政策で見落とされていた点があった。

第2節　生涯学習体系への移行

1　臨時教育審議会の生涯学習

　わが国では、これまでに生涯学習に関する国の諸答申が出されているが、臨教審答申が本格的な生涯学習への取り組みの契機になったことはすでに述べた。

　その答申において、教育改革の基本的な5原則の一つとして「生涯学習体系への移行」を位置づけている。特に、学歴社会の是正との関連で、形式的な学歴ではなく「何をどれだけ学んだか」を評価する生涯学習社会を建設すること、偏差値偏重の評価から多面的な評価への転換を図るとともに、開かれた多様な学習機会の提供に努めるなど学校教育の活性化を図ること、そして企業・官公庁においては採用・評価等の人事管理に際して多様な能力を評価していくこと、などが指摘されている。

　また、第2次答申では、家庭・学校・社会の連携を強めること、弱体化しつつある家庭の教育力を回復させること、自主的な学習活動の促進と並んで職業能力開発の総合的推進によって社会の教育を活性化していくことなどを盛り込んだ。

　第3次答申は、これからの学習は学校教育の自己完結的な考え方を脱却すべきことを強調し、公的職業資格制度の見直しや学校以外の社会における評価の重視などによる評価の多元化、生涯学習を進めるまちづくりや施設のインテリジェント化、初等中等教育改革、生涯学習の観点に立った「開かれた学校」の管理・運営の確立、塾など民間教育産業への対応などについても触れている。

　そして最終答申では、これまでの答申を踏まえて、「学歴社会の弊害を是正するとともに、学習意欲の新たな高まりと多様な教育サービス供給体系の登場、科学技術の進展などに伴う新たな学習需要の高まりにこたえ、学校中心の考え方を改め、生涯学習体系への移行を主軸とする教育体系の総合的再編成を図っていかなければならない」とし、そのために、人間の評価の多元化、学習活動のネットワーク形成、教育・研究施設と企業などの相互の連携・協力の推進、家庭・学校・社会の教育力の活性化を図るための相互連携を図ることが必要だとまとめている。

　その3年後の平成2（1990）年には生涯学習振興法が公布、施行され、

生涯学習への取り組みが本格的に開始された。

●生涯学習に関する主な国の答申

昭和46（1971）年　　社教審答申「急激な社会構造の変化に対処する社会
　　　　　　　　　　　教育のあり方について」

昭和56（1981）年　　中教審答申「生涯教育について」

昭和60（1985）～62（1987）年　　臨教審答申第1次～第4次（最終）
　　　　　　　　　　　「教育改革に関する答申」

平成2（1990）年　　　中教審答申「生涯学習の基盤整備について」

平成3（1991）年　　　中教審答申「新しい時代に対応する教育の諸制度の
　　　　　　　　　　　改革について」

平成4（1992）年　　　生涯審答申「今後の社会の動向に対応した生涯学習
　　　　　　　　　　　の振興方策について」

平成8（1996）年　　　生涯審答申「地域における生涯学習機会の充実方策
　　　　　　　　　　　について」

平成10（1998）年　　生涯審答申「社会の変化に対応した今後の社会教育
　　　　　　　　　　　行政の在り方について」

平成11（1999）年　　生涯審答申「学習の成果を幅広く生かす――生涯学
　　　　　　　　　　　習の成果を生かすための方策について」

平成11（1999）年　　生涯審答申「生活体験・自然体験が日本の子どもの
　　　　　　　　　　　心をはぐくむ」

平成12（2000）年　　生涯審報告「家庭の教育力の充実等のための社会教
　　　　　　　　　　　育行政の体制整備について」

平成12（2000）年　　生涯学習審議会答申「新しい情報通信技術を活用し
　　　　　　　　　　　た生涯学習の推進方策について」

平成19（2007）年　　中教審答申「次代を担う自立した青少年の育成に向
　　　　　　　　　　　けて」

平成20（2008）年　　中教審答申「新しい時代を切り拓く生涯学習の振興
　　　　　　　　　　　方策について～知の循環型社会の構築を目指して
　　　　　　　　　　　～」

平成25（2013）年　　中教審答申「今後の青少年の体験活動の推進につい
　　　　　　　　　　　て」

平成27（2015）年　　中教審答申「新しい時代の教育や地方創生の実現に
　　　　　　　　　　　向けた学校と地域の連携・協働の在り方と今後の推

進方策について」

平成 28（2016）年　中教審答申「個人の能力と可能性を開花させ、全員参加による課題解決社会を実現するための教育の多様化と質的保証の在り方について」

平成 30（2018）年　中教審答申「人口減少時代の新しい地域づくりに向けた社会教育の振興方策について」

平成 31（2019）年　生涯審報告「障害者の生涯学習の推進方針について—誰もが、障害の有無にかかわらず共に学び、生きる共生社会を目指して—

※社教審＝社会教育審議会、中教審＝中央教育審議会、生涯審＝生涯学習審議会

2　学歴社会の是正と評価の多元化

　生涯学習は学歴社会の弊害を是正していく理念としても期待されている。臨教審第1次答申は「形式的な学歴の有無で一元的に人間の能力をおしはかるような風潮を改め、人間の評価が多面的に行われるよう評価の在り方について検討する」と述べる。なぜなら、「何をどれだけ学んだか」よりも「いつどこで学んだか」が重視されるために、学習歴が適切に評価されないことがあるだけでなく、学習自体の喜びを奪うことになったからだという。

　学歴とは、どの段階の学校を終えたかというタテの学歴と、同じ段階でどの学校を終えたかというヨコの学歴に分けられる。そして、学歴社会とは、学歴の高低を社会的地位の上昇や経済的報酬などの評価基準とする社会を言うが、身分や門地、人種など非合理的な基準を評価する社会に比べれば合理的だと言える。しかし、形式的な学歴を尊重する風潮が強くなり、それが受験戦争の激化など学歴獲得競争という学歴社会の弊害を招くとともに、教育の大衆化が進んだ今日、学校で獲得した知識・技術のレベルが必ずしも内実を伴わないなどの現象が進み、人物評価の基準としての信頼性を欠く場合も見られてきている。

　それを是正していくためには、評価の多元化を図る必要がある。つまり、学校卒業までの期間に獲得した能力・技術だけでなく、その後の生涯のどの時期に、どこで学んだかを問わず、それぞれの学習の成果を適切に評価し、その人の能力とその可能性を様々な方向から判定することが求められているのである。その方策として平成3（1991）年中教審答

申「新しい時代に対応する教育の諸制度の改革について」は、次のように提言している。

> ①学習成果を評価する多様な仕組みを整備することである。
> ②学習成果のうち、一定水準以上のものを評価し、それを学校の単位に転換する仕組みを拡充することである。
> ③学習成果を広く社会で活用することである。
> ④学習成果の評価については調査研究を行うとともに、学習成果の評価や活用に関する啓発を行うことである。

　このうち②については、大学、高等学校、専修学校などの公開講座の中で一定水準に達したものを学校の単位として認定しようとすることを言っている。また、公的な職業資格の要件にある学歴を学習歴で代替すべきだとする要請も強く見られる。すなわち、どこで学んだかという「学歴」を重視する「学歴社会」から、何を学んだかという「学習歴」を重視する社会を指向するわけである。その実現のためには、企業・官公庁や大学、高等学校の理解と協力が不可欠になる。

第3節　生涯学習における学校教育の役割

1　生涯学習の基礎づくり

　生涯学習においての学校にはどのような役割が期待されるであろうか。中教審答申「生涯学習の基盤整備について」（平成2年）は、生涯学習における学校の役割として次の2点が重要だと指摘している。

> 　第一は、人々の生涯学習の基礎を培うことである。このことは、とりわけ小学校、中学校や幼稚園の段階で重要である。
> 　生涯学習の基礎を培うためには、基礎的・基本的な内容に精選するとともに自ら学ぶ意欲と態度を養うことが肝要である。平成元年3月に行われた学習指導要領の改訂においても、これらの観点が特に重視されている。
> 　第二は、地域の人々に対して様々な学習機会を提供することである。こ

> のことはとりわけ大学・短期大学、高等専門学校や専修学校（以下、「大学・
> 短大等」という。）に対して要請されている。
>
> 　このような要請に応じて今日では、社会人を受け入れたり各種の公開講
> 座を開催するとともに、図書館や体育館・運動場等の施設を地域の人々の
> 利用に供する動きが広まりつつある。

　簡潔に言えば、生涯学習の基礎づくりと学習機会の提供が学校の役割
だと言えよう。生涯学習の基礎づくりとは、人が生涯にわたって学習を
続けていくために必要な基礎・基本や学習意欲を発達段階の早い時期に
学校教育で身につけさせることを言う。

　人々は学校を終えたのちも、生涯にわたって何かを学習し続けていく
必要性を誰しも感じることであろう。令和4（2022）年調査の内閣府に
よる世論調査によれば、月に1日以上学習したことがある人は74.8%（「学
習していない」「無回答」を除した割合）であり、今後生涯学習活動を
してみたいと思っている人は89.8%だと言う。約4分の1の人たちは、
実際はなかなか活動できていない状況にある。その理由として、「特に
必要がない」と回答する人が多い[*1]（45.5%）。

　この調査では、学歴など社会的属性については明らかにされていない
が、これまでの調査から推察すると、生涯学習との関わりをもたない人
の多くは教育を受けた経験が相対的に少ない傾向にあると考えられる。
すなわち、教育を受けた量・期間が多く長い者（高学歴者など）ほどそ
の後社会の中でますます学ぶ機会が多く、反対にそれが少なく短い者は
学習する機会に接近することが少ないという傾向が明らかにされている
からである。この傾向は、education more education の法則と呼ばれる。

　そうだとすれば、生涯学習が学習者の自主性を重視する立場にあるこ
とから、生涯学習社会において教育の格差はますます拡大することが懸
念される。ここに、学校教育における生涯学習の基礎づくりの重要性が
見出されるのである。児童生徒が学校を離れた後にも、学習を継続して
いこうとする意欲や態度、またそのために必要な基礎的知識・技術等を
義務教育段階で養うことが大切だと言うわけである。

2　学習機会の提供

　生涯学習における学校のもう一つの役割として、児童・生徒・学生の

ためだけでなく、広く社会に出ている成人の生涯学習のために学習機会を提供することがある。前述の答申においては、主として大学など高等教育機関にこの機能を期待しているが、実際には義務教育段階においてもこの役割は期待されている。その具体的役割は、学校施設の自主的学習活動への提供、成人を対象にしたノンフォーマルな教育機会の提供、そして社会人に対するフォーマルな教育制度の開放に分けることができる。

（1）施設開放

　学校には、学校教育法施行規則第1条に基づき、校地、校舎、校具、運動場、図書館（室）、保健室などの施設が設けられている。これら施設を、学校の教育活動に支障がないと認められる場合には、地域社会の学習の場として開放するのが施設開放である。社会教育法第44条は、「学校の管理機関は、学校教育上支障がないと認める限り、その管理する学校の施設を社会教育のために利用に供するように努めなければならない。」としている。また、学校教育法の第137条では、「学校教育上支障のない限り、学校には、社会教育に関する施設を附置し、又は学校の施設を社会教育その他公共のために、利用させることができる。」と規定する。両法では、「利用に供するように努めなければならない」と「利用させることができる」という若干のニュアンスの違いがあるものの、学校施設の社会教育などの活動の利用を法的に認めているわけである。

　施設の開放にあたって、単に既存の施設の利用を図るだけでは、多様化し高度化する人々の生涯学習への要求に応じることが困難になる。そのためには、施設の複合化を推進し、あるいは臨教審で提言されたインテリジェント・スクール構想の実現が求められてくる。

（2）機能開放

　学校の施設とともに教員組織や研究成果を広く地域社会に開放しようとするのが機能開放である。当該の学校に所属する教員が学校の施設を利用して、自らの専門分野に関わるテーマに基づいて、通常の授業とは別に一般市民対象の授業を行うものである。学校で通常行っている授業をそのまま一般にも公開授業として開放する場合もある。参加者は、大学や高校で行われる授業を聴講しても、卒業資格等のフォーマルな資格を得ることはできない。

　社会教育法第48条は、学校管理機関は学校に対して、教育組織や施

設の状況に応じて、文化講座、専門講座、夏期講座、社会学級講座等社会教育のための講座の開設を求めることができるとしている。これらの開設に要する経費は国または地方公共団体の負担とされている。文化講座等は、現在、大学が行うものは大学公開講座、高校や小・中学校で実施されるものは開放講座とそれぞれ呼ばれる。

そのほか、大学・短大においては、講座や各種学習機会の実施、生涯学習推進センターの設置が期待されている。

（3）制度の開放

制度の開放は、狭い意味から言えば学校開放の概念に含まれないが、学校をフォーマルな形で広く社会に開放し、社会人を正規の学生として受け入れようとするものである。平成3（1991）年の大学審議会答申「大学教育の改善について」は、学習機会の多様化に関して言及している。

その具体策とは、①フルタイムの学習が難しい社会人に対して、開設授業科目の一部を履修して一定単位の習得を可能にするコース登録制・科目登録制、②夜間学部・学科を設置するのではなく、一つの学部・学科で昼夜にわたって授業を開講する昼夜開講制、③大学以外の教育施設等の学習成果の単位認定、④社会人をも含めた大学編入希望者に大学教育を提供するための編入学生定員の設定についての改善策などである。

このように社会人等にフォーマルな教育を受ける機会を広げようとするシステムが現実に機能していくためには、勤労者等がそれにアプローチできる諸条件が整わなければならない。労働時間の短縮や有給教育休暇の導入などリカレント教育を可能にする条件の整備が課題となる。

3　学校教育と社会教育の特性

社会教育は、①継続性、②多様性、③自主性、④現実性などの特性を有する。*3 ①継続性とは、社会教育のサークル活動に修業年限が限られていないように、いつでも学べることを意味する。②多様性は、学習者の年齢や属性、学習レベルなどにおいて見られるとともに、公民館などが開催する講座の内容には全く基準等がなく、結果として多様な学習内容が扱われることも意味する。③自主性とは、学習活動を行うも行わないも全く市民の自主的な判断に委ねられているという特性である。④現実性は、学習内容自体が健康維持・体力向上や子育て、環境改善、人権問

題などきわめて現実的な課題が扱われる傾向のことを言う。

　これに対して、学校教育は、①時限性、②画一性、③強制性、④準備性という、社会教育と対照的な特性を有する。①時限性とは、校種ごとに定められた修業期間や年間授業時数など、学習者（児童・生徒・学生）が学習する時間や期間があらかじめ定められていることを言う。②画一性とは、学習内容が学習指導要領などの基準によってある程度画一化され、また学習者の年齢も一定の範囲に収まっていることを指す。③強制性とは義務教育に典型とされるが、高校や大学においても単位修得のために出席が求められることなどを言う。④準備性は児童生徒等が将来、社会人等として必要な内容に備えるためにカリキュラム編成がなされる傾向を意味している。

　生涯学習政策においては、そのうち学校教育の特性を社会教育の特性に近づけつつある。否、生涯学習政策のねらいがその接近を促すことにあると言える。たとえば、単位制高校は修業の時限制を外し、3年以上在学し、74単位以上取得すれば卒業できる学校として創設された。むろん、成人にも高校教育の機会を与えるためである。大学では昼夜開講制が導入され、放送大学や通信制大学院なども誕生している。大学の社会人入試制度も広く普及している。いずれも時限制を弱め、だれでも、いつでも学べるような生涯学習施策の一環として実現したものである。

　また、単位制高校を例にあげると、そこで学べる学習内容は非常に多様であり、大学等の社会人の受け入れは学習者の層を多様にした。単位制高校の場合、「3年以上」としか修業年限が定められておらず、放送大学などは単位履修のみのコースも広く公開されている。

　そして、準備性に関しては、総合制高校や大学などで近年、環境や情報、健康など現実生活課題を取り込む傾向が見られるように、徐々に現実性という方向にも変化しようとしている。また、大学等の公開講座が盛んになっているが、ここでは現実的な課題を扱う場面も見られる。

　こうして、学校教育の伝統的諸特性を崩し、成人でも、あるいは強い進学動機をもたない若者でも学習機会に接近しやすいような制度改善を促したのが生涯学習の考え方なのである。臨教審以後、同答申の提言が徐々に実現されるようになり、ようやく生涯学習の理念が積極的な意味を発揮できるようになった。まさに、本来の生涯学習の考え方が生かされるか否かは、学校教育の改革のゆくえにかかっている。その意味で、生涯学習における学校教育の役割はきわめて重要だと言えるのである。

4 地域学校協働活動と学校

　平成 27（2015）年の中央教育審議会（中教審）答申「新しい時代の教育や地方創生の実現に向けた学校と地域の連携・協働の在り方と今後の推進方策について」は、これからの学校と地域の目指すべき連携・協働の姿として、「地域とともにある学校への転換」「子供も大人も学び合い育ち合う教育体制の構築」「学校を核とした地域づくりの推進」の三つの事項を取り上げ、従来の学校支援活動を発展させ、地域活動や家庭教育支援等も包括した地域学校協働活動の推進を提言した。そして、この活動は社会教育事業に位置づけられ、コミュニティ・スクール(学校運営協議会を設置する学校)との一体的・効果的な推進も提言され、文部科学省は平成 29（2017）年度から事業化を展開したところである。
　こうして、社会教育と学校教育とのより効果的な連携・協働が浸透しつつある。

【註】
＊1　内閣府「生涯学習に関する世論調査」大臣官房政府広報室、平成 20 年 5 月公表調査、及び同 30 年 7 月公表調査。
＊2　麻生　誠『生涯教育論——生涯学習社会の発展をめざして　改訂版』放送大学教育振興会、平成元年、p.35。
＊3　新堀通也は、学校教育の特徴を、・強制性、・画一性、・主知性の 3 点に求め、社会教育のそれを、・自発性、・柔軟性、・実践的性格の 3 点に求めて、両者を対比している（新堀通也編『社会教育学』有信堂高文社、昭和 56 年、pp.6-7、p.16）。筆者はこの捉え方を踏まえて、それぞれ四つの特徴にまとめたものである。

【その他参考文献】
● P. ラングラン著、波多野完治訳『生涯教育入門第 1 部』2 版　日本青年館、平成 2 年。
●金子忠史「アメリカ：青年から成人への移行期課程における学校教育と学校外教育の関連」『諸外国における義務教育後の学校外教育の組織と活動』（国立教育研究所紀要第 105 集）、昭和 58 年。
●新井郁男編『ラーニング・ソサエティ（現代のエスプリ No.146）』至文堂、昭和 54 年。
●岩永雅也『生涯学習論　改訂版』放送大学教育振興会、平成 18 年。
●佐々木正治編『生涯学習社会の構築』福村出版、平成 19 年。
●日本学習社会学会創立 10 周年記念出版編集委員会編『学習社会への展望——地域社会における学習支援の再構築』明石書店、平成 28 年。
●岩崎久美子『成人の発達と学習』放送大学教育振興会、平成 31 年。
●佐藤晴雄・佐々木英和『社会教育経営実践論』放送大学教育振興会、令和 4 年。

第5章　生涯学習の方法と内容

　もともと生涯学習に固有な学習方法はありようがない。そもそも学習方法を問わないのが生涯学習だからである。

　生涯学習の一環として大学で学ぶ成人や高齢者にとっての学習方法は、基本的に若い大学生の学習と変わらないはずである。また、社会教育施設である公民館を利用するサークルの学習方法は大学のそれとは異なり、自主的であり、しかも多様で、講師がいなくても行われる。教育委員会が主催する家庭教育学級では話し合い中心の学習プログラムで組み立てられている。生涯学習の方法と言っても実に様々なのである。そこで、本章では、生涯学習として行われる様々な学習形態と学習方法を採り上げ、特に、ノンフォーマルな教育形態である社会教育に特有な学習方法の特徴を中心に述べておきたい。

第1節　生涯学習の機会と形態

1　生涯学習の機会の多様性

　生涯学習に関する学習活動は、実に様々な形態で行われる。毎日のように放映される生涯学習のテレビコマーシャルは、通信教育講座を PR するものである。市区町村教育委員会の生涯学習課が主催する学習事業（学級・講座等）は通級型の短期学習プログラムで実施される。一方、大学の公開講座だけでなく、幼稚園から大学・大学院教育で行われる学習も生涯学習の一形態になる。

　生涯学習の機会の多様性に関しては、昭和56(1981)年の中教審答申「生涯教育について」は、以下のように示している。

①幼稚園から大学に至るまでの学校や専修学校や各種学校
②社会教育として、各種の学級・講座、芸術文化活動、体育・スポーツ活動、奉仕活動、社会通信教育など
③公共職業訓練や企業内教育・訓練など
④新聞、放送、出版などの各種の情報媒体を通じての教育・文化活動や民間の教育・文化事業、個人教授所など
⑤公民館、図書館、博物館、文化会館、生涯教育センターなどの総合的な社会教育施設の設置や学校施設開放

　このように、生涯学習には様々な機会が行政や学校、民間事業所などによって提供されている。

2　生涯学習の形態

　そこで、以上の枠組みをもとにして、学校教育を含めた生涯学習に関する学習の形態を示すと、以下のように分類される（図5-1）。
①　学校教育型
　学校教育型とは、幼稚園から大学・大学院までの学校でカリキュラムに基づいて行われる教育活動の中で学ぶ形態のことである。この形態の学習は生涯学習の概念が登場する以前から存在し、広く行われてきているが、生涯学習体系においては社会人が高等学校や大学等で学ぶところに積極的な意味がある。また、青少年段階の児童生徒が生涯学習の基礎をつくる上でも学校教育型の学びが重要だとされている。
②　学習事業参加型
　学習事業参加型は、一定期間にわたって学習期間が設定される継続学習事業と一度限りで終了する単発学習事業に分けられる。継続学習事業は、教育委員会生涯学習課や公民館、生涯学習センターなどが開催する学級・講座・教室・講習会などがあり、通常は数回から20回程度の期間にわたり学習機会を提供する。最近は、高齢者大学など1年を単位期間とする長期の学習事業も行われるようになった。また、カルチャーセンター等の民間学習事業所が実施する各種講座もこの形態に属する。
　この学習は、社会教育事業が提供する典型的な形態だと言ってよく、多くの人々がイメージする生涯学習の形態でもある。
　一方、単発型学習事業とは、大会や公民館祭、講演会、映画会など言

わば学習イベントのことで、学習成果発表の場とされたり、あるいは学習の動機付けを図る場とされたりする。誰でも気軽に参加できるという利点がある。

③ 自主サークル型

自主サークルとは、特定の活動を行うために同好の士が集まり、団体をつくって学習・文化・スポーツ活動を継続的に行うものである。また、学級・講座の修了者同士が学習を継続するために結成する場合もある。

通常、社会教育関係団体として教育委員会や公民館等に「届出」や「登録」をして、施設の優先申込や無料使用などの一定の便宜を得ながら公民館等の社会教育施設を利用している。社会教育施設以外にもコミュニティセンターや市民センターなどの一般市民施設や、体育館・校庭・特別教室などの学校施設開放を利用する例も増えている。

サークルには特定の講師が指導者として存在する場合とベテランのメンバーが指導的役割を果たす場合とがある。あるいは、指導者を必要としないサークル活動もある。なお、グループという言い方もなされるが、サークルとはやや意味が異なる。もともと、サークルが特定の目的や志を共有する者同士の集まりであるのに対して、グループは教育訓練等のために便宜的に編成される少人数集団を意味する。グループの場合、メンバー間に連帯意識などがあるわけではなく、人の集合程度を意味するにすぎない。したがって、学習などを継続的に行う団体はサークルと呼ばれることが多い。

④ 施設利用型

この場合の施設利用とは、施設の単なるスペースを利用するのではなく、その施設が有する専門的機能を活用することを言う。公民館や公会堂、市民施設など集会施設はサークルなどに対して会議室や体育室、料理教室などを一時的に提供するが、施設自体に専門的機能があるわけではない。だが、図書館や博物館、青少年教育施設、その他施設（視聴覚センター、女性教育施設、生涯学習センター）などの施設は施設に専門的機能があり、利用者が個人や団体でその機能を利用できる。

図書館では図書・資料等のほか、レファレンスサービス（参考業務）や児童サービスなども利用できる。博物館では展示資料の見学や資料利用などのほか、最近はボランティアガイドによる解説サービスも利用できる。青年の家など青少年教育施設では宿泊研修を行うことができる。これら施設の機能を生かした学習形態をここでは施設利用型と呼んでお

く。なお、公民館などは個人で利用しにくいのに対して、図書館と博物館は個人利用が中心である点に両タイプの機能的な違いがある。

⑤　通信教育型

通信教育には、学校通信教育と社会通信教育の二つのタイプがある。学校通信教育は学校教育法（第54条・第86条等）に根拠をもち、高等学校と大学等の通信教育課程が認められているため、課程修了者は卒業生（大学の場合、学士など）の資格が与えられる（戦前の小学校卒業を対象にした中学校通信教育も制度存在している）。平成10（1998）年度からは大学院にも通信制を置くことができるようになった。社会通信教育は社会教育法（第49条～第57条）を根拠とし、次のように定義されている。すなわち、通信教育とは、「通信の方法により一定の教育計画の下に、教材、補助教材等を受講者に送付し、これに基き、設問解答、添削指導、質疑応答等を行う教育」とされる。社会通信教育には文部科学大臣による認定制度もあり、また資格取得を目指して受講する人も少なくない。

ただ、通信教育は気軽に始められるという利点がある一方、独学中心に進めるため学習が継続されにくいという短所がある。

⑥　企業訓練・企業教育型

企業が主として社員を対象に実施する資質・能力向上を目的とする訓練・教育も生涯学習の一形態になる。企業内教育とも呼ばれる。これは、職場内訓練（OJT : On-the Job Training）と職場外訓練（Off-JT : Off-the Job Training）とに分けられ、前者は職場で実際の職務遂行過程を通じて上司や同僚から受ける仕事の訓練のことであり、後者は講演や研修会などの形で一時的に職場を離れて計画的に行われるものである。これらは企業の生産性向上を目的とするものではあるが、社員の「学び」という視点から見たとき、生涯学習に位置づけられる。

生涯学習は以上のような形態のもとで行われているが、どのような形態で行うかはあくまでも学習者の主体的な判断に委ねられると言ってよい。

■ 図 5-1　生涯学習の形態

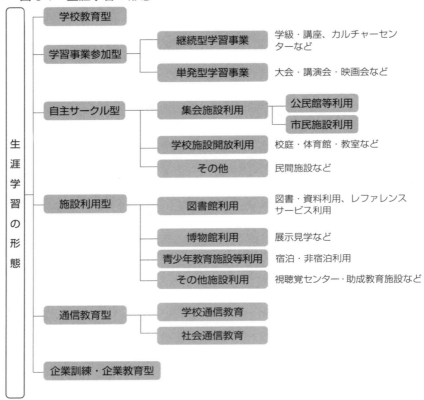

第2節　生涯学習と社会教育の方法

1　社会教育の方法

　生涯学習を学習活動として見た場合、その方法も多様である。学校教育では通常、教師による授業形式で学習が行われるが、社会教育を中心としてノンフォーマルな生涯学習活動においては、指導者が存在しない学習を含めた様々な方法で学習が行われている。その方法は、以下のように整理できる。

①　講義学習（講義法による学習）

　社会教育においては、まず、学校教育と同様の「講義学習」も行われている。これは講師による講義や講話を聴講しながら机上で学習する方法で、講座や講演会、市民大学などの学習事業、あるいは学習サークル活動で主に採り入れられるが、学級や講習会などの一部でも行われることもある。テーマに則した知識を習得するのに適しているが、学習者が受け身になりやすい（承り学習と呼ばれる）。また、講師の話し方や知識などに大きく左右される傾向がある。

②　討議学習（討議法による学習）

　いわゆる話し合い学習のことである。戦後まもない頃の社会教育では主としてこの討議法が採り入れられてきた。この方法は参加者がテーマに関心をもち、積極的に学習活動に関われるという利点を有するが、一方では、発言者が限られ、体系的知識を習得するのに適さないなどの短所をもっている。そこで、現在はそうした短所を補うための工夫がなされ、以下に示すような様々なタイプの討議法も行われるようになった。

【バズセッション】　バズとはミツバチが「ブーン、ブーン」と飛ぶ音のことであり、この討議法は学習者の話し合いの様子がそのように聞こえることから名付けられた。普通、5〜8人程度の小グループでテーマに基づいた共通討論を行い、一定時間（10分前後）経過した後に、各グループの代表者が討論の結果を全体に報告する。最後には参加者が各グループの発表に評価を加えるようなタイプの学習である。職員研修や家庭教育学級などで多く行われる。

【パネル・ディスカッション】　テーマに関して、異なる代表的な意見をもつ人や専門的な知識・経験をもつ人を討議の代表者として選定し、司会のもとで、これらの代表者（パネラーまたはパネリストと呼ばれる）が参加者の意見を代弁するような形で討論し合い、必要に応じてフロアーにいる参加者からの意見も取り混ぜていく討論会のタイプである。

【シンポジウム】　パネル・ディスカッションがどちらかと言えば参加者を代表する者がそれぞれの立場から意見を交わす形式であるのに対して、シンポジウムは数名の専門家による討議を前提とする。[*3]専門分野や見解の異なる専門家が壇上で短時間発表した後に補足を加えたり、司会者を含めた登壇者が他の登壇者に質問したりする。あわせて、参加者との質疑の時間を取り、最後に司会者がまとめる。

　最近は、パネル・ディスカッションやシンポジウムの舵取り役をコー

ディネーターとして位置づけることが多い。コーディネーターは単なる司会進行を行うだけでなく、討論に一定の範囲で加わることができる。

【フォーラム】　フォーラム・ディスカッションの略である。フォーラムのもともとの意味は、古代ローマの都市中心部に設けられた集会広場のことである。フォーラム・ディスカッションは、古代ローマのフォーラムで行われた集会の形態に習ったもので、あるテーマに関して参加者が行う集団的な公開討議方式のことを指す。討論に先立って、普通は話題提供として、テーマに関する報告や意見表明などが行われ、映画が上映されることもある。映画上映とあわせて行われるフォーラムは映画フォーラムやフィルムフォーラムと呼ばれる。

【ブレーンストーミング】　これは、ブレーン（＝脳）がストーミング（＝嵐）のような状態になるような討議方法のことである。つまり、参加者がテーマに関して各々自由に意見を出し合い、思考を拡散させることによって、創造力を高めたり、問題解決のアイデアを生み出したりするための方法である。参加者はお互いの意見に対して批判せず、自由奔放に意見が出せるようにし、むしろ他者のアイデアと自分のアイデアを結合させるよう努めることとされる。

【エンカウンター】　これは参加者同士が、本音を語り合うことによって自己開示を図り、その過程を通じて自分自身を見つめ、自分と他者との関係を洞察しながら協調性や人間関係を高めていくためのカウンセリング的技法のことである。自分の秘密などを語らせることがあるため、この方法を嫌う学習者が少なくないことから、社会教育の場ではあまり用いられず、社員・職員研修などの導入部で用いられる程度である。

【ディベート】　提示されたテーマに関して、賛成派と反対派の２組に分かれて自らの主張をぶつけ合う討議の形式である。各組に同じ持ち時間が与えられ、主張の論理展開や質問・反論の仕方などを競い合った後、最後に審判が勝ち負けの判定を下すことになる。賛成派と反対派は実際の賛否と異なる場合があり、これは討議の仕方を競い合う方法に過ぎない。分析力や発表能力、論理性などを高めるのに適する討議法である。

　③　実技・実習

　キャンプ講習会や料理教室、テニス教室など特定の技術を習得することを目的とする講習会や教室などで採り入れられる学習方法である。実技と実習は厳密に区別されていないが、たとえば、キャンプ講習会などのように講義とあわせて行う場合は実習とされ、料理教室のように特に

講義の時間が設定されない場合には実技に位置づけられる。つまり、実習は講義で学んだことを体験したり、検証したりするための学習方法で、実技は実際に身体を用いた活動に取り組む学習方法になる。茶道や囲碁、着付け、習字など趣味・けいこごとを扱う学習事業などは実技講座とも呼ばれる。

④　ワークショップ型学習

　ワークショップとはもともと、作業場など共同で何かに取り組む場所を指す言葉であったが、学習者などが討議を行いながら問題解決や創造するための学習の手法も意味するようになった。近年、生涯学習関係の研修会や講座などで普及してきている。学習者が「作業」に積極的に参加する形態をとることから、参画型学習などとも呼ばれる。その代表的な方法として、KJ法と特性要因図を紹介しておこう。

【KJ法】　川喜多二郎によって創られたラベルワークを採り入れた問題解決法である。設定したテーマ（問題）に即して、名刺大のラベルに具体的な情報を書き込み、これらをグループ化していく帰納的方法である。グループ化は小グループからはじめ、これをさらに中グループ化し、さらに大グループに分類していく。グループ化したラベルは、模造紙等に書き込み、全体の構図がわかるよう工夫していく。一人で行うが、何人かの小集団で行う方法もあり、これはチームで行うKJ法であることからTKJ法とも呼ばれる。この手法は職員研修会（Off JT）やリーダー養成講座などで採り入れられることが多い。

【特性要因図】　問題となる特性（問題の現状や改善目標など）の要因をいくつかのレベルに分けて、細かに探っていき、原因と結果の関係を明らかにする問題解決の手法である。通常、問題の現状（特性）を模造紙などの右側に記し、そこから左側に一方の矢印を引いて（魚の背骨）、それから枝骨をいくつか引いて、主な要因を記す。さらに、枝骨にいくつかの小枝骨を引き、詳細な要因を記す。図5-3のように、その図解が魚の骨に似ていることから「フィッシュボーン（fish bone）」とも呼ばれる。職員研修やリーダー養成講座などで採り入れられている。

⑤　独習（個人学習）

　伝統的な社会教育観によれば、学習は三つのG、つまり、Group（組織、仲間）、Ground（施設、学習する場所）、Guide（リーダー、助言者）によって成立すると言われたが、学習要求が多様化する今日、独習も軽視できない。独学はひとりで行う学習であるが、社会教育の視点から捉えた場

合、図書館等の図書・資料を用いたテキストによる学習や通信教育による媒体利用学習、図書館や博物館で行う施設利用学習などがある。

　社会教育法は社会教育を、「学校の教育課程として行われる教育活動を除き、主として青少年及び成人に対して行われる組織的な教育活動（体育及びレクリエーションの活動を含む。）」と定義しているが、この場合の「組織的な教育活動」とは図書館や博物館等が図書・資料を提供したり、博物館が展示を公開することもその意味に含めている。したがって、書店から図書を購入して行う学習は法で言う社会教育活動には属さないが、図書館から図書を借りて行う学習活動は社会教育活動に数えることができる。公民館等が主催する映画会への参加も独習に当てはまる。

　このように、社会教育関係のサービスを利用した独りで学習する方法、

▪図 5-2　特性要因図の例

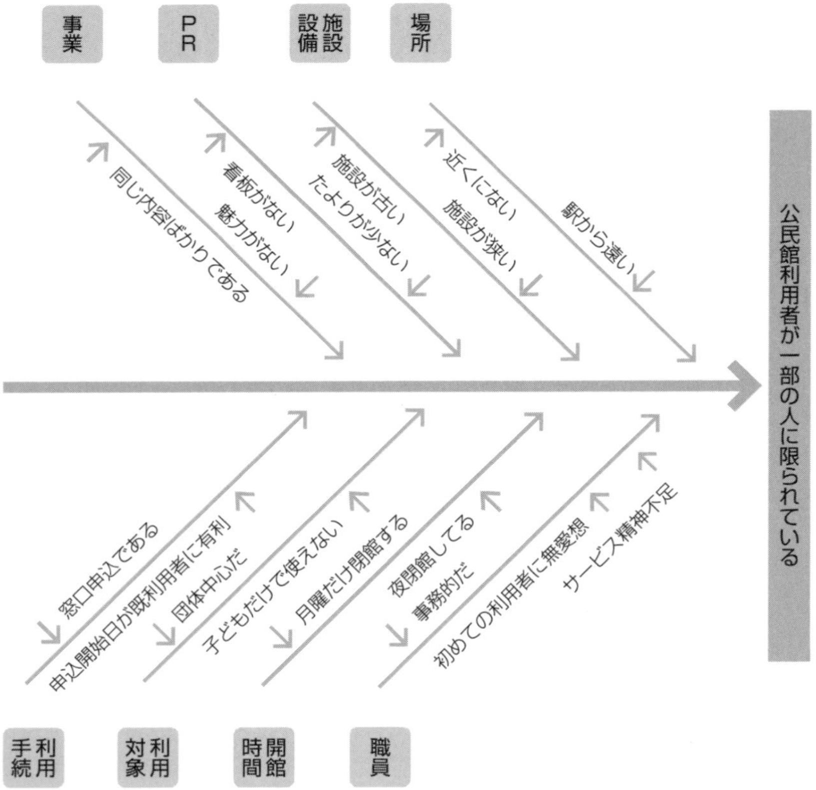

つまり独習も社会教育における学習方法の一つになる。

⑥　**遠隔型学習**

　近年はインターネットを用いた学習方法が広がりつつあり、特にコロナ禍にあってはそうした学習方法が生涯学習の学級・講座等でも採用されるようになった。遠隔学習には、オンデマンド形式とオンライン形式などがある。オンデマンド形式は、「要求に応じて（on demand）」を意味し、予め講師等が講義などを録画しておいて、学習者は適宜その動画を視聴して学ぶ方法で、e ラーニングもこの形式による。

　オンライン形式は、ライブ配信により、同時的に授業やシンポジウム等を視聴して学ぶ方式である。一般的には Zoom などを用いる例が多い。所定の配信時間内に学習者や参加者が参加し、質問や発言もでき、大勢の参加者をいくつかの部屋（グループ）に振り分けるブレイクアウトルーム機能を使用すればグループ別協議も可能になる。これから目指す未来社会 Society5.0 におけるサイバー空間とフィジカル空間を高度に融合させたシステム下では、今後さらに高度な遠隔型学習が浸透し、地域間格差を縮めることが予想される。

2　社会教育の方法を用いた生涯学習活動

　それでは生涯学習の方法というものが存在するのだろうか。国の答申によれば、生涯学習は、「必要に応じ、自己に適した手段・方法は、これを自ら選んで、生涯を通じて行うものである」（昭和 56 年中教審答申「生涯教育について」）から、特に学習方法を問うものではないことになる。しかし、学校教育の場合を除けば、基本的には以上のような社会教育の方法のいずれかによって生涯学習活動が行われることになる。

　実際には、学習者が全く自由に学習方法を選択するというよりも、学習形態や学習内容によって具体的な学習方法が左右される傾向にあるので、同答申が述べる「自己に適した手段・方法」とは、本書で取り上げた学習の形態のことだと解せる。つまり、自主サークルに参加するのか、公民館の学習事業に参加するのか、あるいは施設機能を利用するのかという選択は学習者が自ら行うことになる。そして、たとえば、ダンスの自主サークルへの参加を選択すれば必然的に実技による学習活動が行われ、公民館の歴史講座を選択すれば講義型による学習活動が中心になるわけである。

そこで、次節では、学習方法にも影響する学習内容について取り上げることとしよう。

第3節　生涯学習の内容

1　学習内容の分類

　高等学校までの学校教育の内容は学習指導要領を最低基準としてある程度制約されるが、社会教育の場合には、特定の理由がない限り自由だと言ってよい。したがって、この社会教育を中心に成り立つ現実の生涯学習活動の内容は学習者の自由であるから、限りなく多様になる。

　そこで、社会教育における学習内容をある程度の枠組みに基づいて分類する試みが行われている。たとえば、文部科学省の「社会教育調査」は、学習内容を次頁のように分類・例示している（表5-1）。

　その分類は、まず大きな枠組みとして、①教養の向上、②体育・レクリエーション、③家庭教育・家庭生活、④職業知識・技術の向上、⑤市民意識・社会連帯意識、⑥指導者育成という六つに分けて、それぞれの具体的内容を例示している（平成30年度調査から記載）。このうち、①教養の向上は、人文・社会・自然科学に関する学問的内容と趣味・けいこごとなどに分けられる。

　学習方法との関係を見ると、①教養の向上（諸科学）の場合には主に講義が採り入れられ、趣味・けいこごとでは実技中心になる。②体育・レクリエーションは実技・実習中心で、③家庭教育・家庭生活および④職業知識・技術の向上、並びに⑤市民意識・社会連帯意識では、講義および討議、ワークショップ型、実技など幅広い方法が採り入れられる。

　多くの教育委員会でもこの文部科学省調査の枠組みを踏まえて生涯学習計画を策定しているが、「学習、文化、スポーツ活動」というように、三つに大別する場合も見られる。この場合の「学習」は、①教養の向上、③家庭教育・家庭生活、④職業知識・技術、⑤市民意識・社会連帯意識を包括したもので、「文化」は主として「趣味・けいこごと」のことを指す。「スポーツ」は、②体育・スポーツのことである。

　以上の分類・例示は、学習活動を制約するための基準的性格をもつも

▪ 表 5-1　社会教育事業の内容

(1) 教養の向上	①外国語　②文学　③歴史　④自然科学　⑤哲学・思想　⑥心理学・カウンセリング　⑦映画鑑賞　⑧芸術鑑賞（音楽・演劇等）　⑨自然観察・天体観察　⑩その他
うち趣味・けいこごと	①華道・茶道・書道　②俳句・短歌・川柳　③将棋・囲碁・カルタ　④音楽実技（合唱・演奏・演劇等）　⑤ダンス・舞踊　⑥芸能（日舞・詩吟・民謡等）　⑦美術実技（絵画・版画・彫刻等）　⑧手工芸・陶芸　⑨工作・模型　⑩写真・ビデオ　⑪パソコン・IT　⑫その他
(2) 体育・レクリエーション	①球技（テニス・卓球・バレーボール・サッカー等）　②ランニング　③水泳　④武道（柔道・剣道等）　⑤体操・トレーニング・ヨガ・エアロビクス　⑥ニュースポーツ　⑦ゴルフ・スキー・スケート　⑧ハイキング・登山　⑨野外活動　⑩その他
(3) 家庭教育・家庭生活	①育児・保育・しつけ　②くらしの知恵・技術　③読書・読み聞かせ　④生活体験・異年齢交流　⑤健康・生活習慣病予防・薬品　⑥料理・食品・食生活　⑦年中行事・冠婚葬祭　⑧介護・看護　⑨生活設計・ライフプラン　⑩住まい・住環境　⑪安全・災害対策　⑫洋裁・和裁・編み物・着付け　⑬園芸（ガーデニング・盆栽等）　⑭その他
(4) 職業知識・技術の向上	①農業水産技術　②工業技術　③コンピュータ・情報処理技術　④知的財産（著作権等）問題　⑤メディアリテラシー　⑥経営・経理・事務管理　⑦編集・制作　⑧その他
(5) 市民意識・社会連帯意識（環境問題、社会福祉関係を含む）	①自然保護・環境問題・公害問題　②資源・エネルギー問題　③国際理解・国際情勢問題　④政治・経済問題　⑤裁判員制度　⑥科学技術・情報化　⑦男女共同参画・女性問題　⑧高齢化・少子化　⑨社会福祉（障害者・高齢者福祉・年金等）　⑩同和問題・人権問題　⑪教育問題　⑫消費者問題　⑬地域・郷土の理解　⑭まちづくり・住民参加　⑮ボランティア活動・NPO　⑯金融・保険・税金　⑰自治体行政・経営　⑱その他
(6) 指導者育成	①施設ボランティア養成　②各種リーダー養成　③団体育成・運営技術　④その他
(7) その他	その他

［資料］文部科学省「平成30年度社会教育調査」の分類より作成。

のではなく、現実に多様化する学習内容を整理するためのものであることに留意したい。つまり、表の例示に記載されていない学習内容であっても、教育委員会や公民館等の学習事業で企画することは可能であり、自主サークルもそれら以外の学習活動を行うことができるのである。

2 学習事業における学習内容の現状

前述の「社会教育調査」から主催者別に学習事業の内容を見ると（図5-3）、教育委員会では「家庭教育・家庭生活」が最も多く（24.9%）、都道府県知事部局・市町村長部局では「家庭教育・家庭生活」（38.5%）が著しく多い。「家庭教育・家庭生活」に関しては、教育委員会の「家庭教育学級」や市町村部局の保健所の「両親教室」などが各地で実施されているので、実施率が高いのである。また近年、介護関係の講座が目立つようになった影響もある。「教養の向上」は教育委員会でその実施率が15.5%と高いものの近年減少傾向にある。ちなみに平成8（1996）年のその割合は26.9%であった。

公民館の場合、「趣味・けいこごと」が圧倒的に多く（23.7%）、「体育・レクリエーション」（20.2%）、「家庭教育・家庭生活」（15.8%）が続く。

▪ 図 5-3　学習内容別学級・講座実施数の構成比（令和 2 年度実施分）

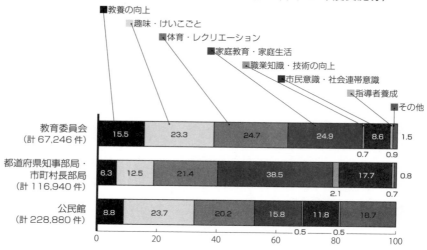

［資料］文部科学省『令和 3 年度　社会教育調査報告書（中間報告）』2022 年 7 月より作成。

公民館は身近な地域の住民に対して、余暇活用や実技習得に関わる学習ニーズを受け止めて「趣味・けいこごと」を数多く展開しているわけである。また、「体育・レクリエーション」は実施率こそ低いが、公民館では相対的に多く実施されていて、これも前述した理由による。公民館の「家庭教育・家庭生活」実施率は約2割と低くなるが、家庭教育よりも料理や着付け、くらしの知恵など実生活に直結する内容が多い。なお、全体的にコロナ禍により実施件数は激減している。

　以上を総じて言えば、「教養の向上」「趣味・けいこごと」「家庭教育・家庭生活」「体育・レクリエーション」の4分野が学習内容として取り上げられている割合が高いことがわかる。

3　学習内容の制約

　社会教育においては学習内容は多様であってよいと述べたが、これにも一定の制約がある。まず、営利事業、特定の政治的イデオロギーおよび宗教的イデオロギーに偏った内容を取り上げることは行政上認められない。

　社会教育法は、公民館の運営方針に関して、以下のように定めている。

> （公民館の運営方針）
> 第23条　公民館は、次の行為を行つてはならない。
> 　一　もつぱら営利を目的として事業を行い、特定の営利事務に公民館の名称を利用させその他営利事業を援助すること。
> 　二　特定の政党の利害に関する事業を行い、又は公私の選挙に関し、特定の候補者を支持すること。
> 2　市町村の設置する公民館は、特定の宗教を支持し、又は特定の教派、宗派若しくは教団を支援してはならない。

　この条文により、ほとんどの教育委員会では、公民館自らが営利、政治的利害、宗教的利害などに絡む学習内容を取り上げることを禁止し、さらにこれらを目的とする自主サークル等に施設を使用させることも禁止している。また、教育委員会自身も中立性確保の原則によって、それらに絡む学習事業を実施しないこととされている。たとえば、教育委員会や公民館等は、特定の宗教団体のみを取り上げた講座や特定政党を支

持する内容の講座などは実施できず、また団体が宗教活動や政治活動を行うときにも施設の貸し出しを禁じているのである。ただし、「仏教美術愛好会」や「政治の仕組みを理解する講座」など特定の宗派や党派に偏らない内容であれば、サークル活動に施設を利用させたり、講座として実施することは可能である。

そのほか、公序良俗に反する学習も禁じられる。つまり、社会の秩序を乱す行為や違法行為、公共機関としてふさわしくない行為は、たとえ学習活動であっても一般的には認められない。もう少し具体的に言えば、賭け事や飲酒を目的とする活動、猥褻的な活動、人権侵害の可能性のある活動などは禁止される。たとえば、麻雀講座などは賭け事を助長する可能性があるため、多くの公民館等では学習事業として実施しない傾向にある。

しかしながら、学習内容に明確な線引きができないことから、講座等を企画する社会教育職員には迷いが生じやすい。どこまでが公序良俗に反しないか、どこまでが宗教・政治活動に該当するのかを判断するのに迷うのである。そこで、各教育委員会では判断基準などを作成している。参考までに、広島市の公民館利用に関する基準を示しておく。

●広島市の例

(1)「営利」に該当するとき（法第 23 条第 1 項第 1 号関係）。

　ア　学習活動等のうち、主たる目的が物品の売買又は企業の広告・宣伝にある等営利を追求するものであるとき。

　イ　市民の学習活動等において、講師謝礼金が市の基準の金額を著しく超えるとき。

　ウ　その他公民館の非営利性に対する市民の信頼を損なうような営利活動であるとき。

(2)「政治」に該当するとき（法第 23 条第 1 項第 2 号関係）。

　ア　政策や政治に関する学習活動等のうち、その事業の参加者にとどまらず、公民館利用者一般に対する示威的行為や勧誘を伴うものであるとき。

　イ　その他公民館の政治的中立性に対する市民の信頼を害するような政治的活動を行うとき。

(3)「宗教」に該当するとき（法第 23 条第 2 項関係）。

　ア　特定の宗教の儀式又はその布教若しくは勧誘を伴う活動であるとき。

　イ　その他公民館の宗教的中立性に対する市民の信頼を害するような宗教的活動を行うとき。

4 学習者の特性と学習方法・内容

　学習方法や内容は学習者の発達段階や経験、指向にも大きく影響する。少年対象の場合だと、実技・実習など身体を使う方法と内容が好まれ、高齢者だと軽い身体運動とともに座学などが適している。また、成人の場合には、アンドラゴジー（成人教育学）の観点から、社会経験を生かす学習方法が望ましいと考えられている。家庭教育学級や高齢者学級など学習者の情報交換や人間関係形成を目指す学習事業では討議学習が中心になる。

　これら学習者の特性に関しては、他章（第11章）に譲ることにするが、少なくとも学習者の年代の幅が広い生涯学習においては学校教育よりも学習方法のあり方が重要になることを理解しておきたい。

【註】
* 1　中央教育審議会生涯学習分科会「今後の生涯学習の振興方策について（審議経過の報告）」（平成16年3月29日）は、以下のように述べ、生涯学習には学校教育なども含まれるにもかかわらず、社会教育と混同されている実態を問題視している。
　　「生涯学習が、家庭のもつ教育機能をはじめ、学校教育、社会教育、さらには民間の行う各種の教育・文化事業・企業内教育等にわたるあらゆる教育活動、及び、スポーツ活動、文化活動、趣味・レクリエーション活動、ボランティア活動などにおける学習の中でも行われるものであるということが、都道府県、市町村等の関係者や国民の間に共通認識として浸透していない。また、『生涯学習』と『社会教育』との混同が見られる。」
* 2　文部科学省「社会教育調査」によると、ボランティア登録制度（解説以外のボランティアを含む）をもっている博物館は、平成20年度の37.0%から同27年度には42.9%に増えている。
* 3　土橋美歩『社会教育概説──その理論と方法』学芸図書、平成4年、p.138。
* 4　たとえば、廣瀬隆人・澤田実・林義樹・小野三津子『生涯学習支援のための参加型学習（ワークショップ）のすすめ方──「参加」から「参画」へ』ぎょうせい、平成12年、が参考になる。
* 5　川喜多二郎『発想法』中公新書、昭和42年。
* 6　土橋、前掲書、p.128。
【その他参考文献】
● 酒匂一雄・千野陽一他『生涯学習の方法と計画』国土社、平成5年。
● 新海英行・牧野篤編『現代世界の生涯学習』大学教育出版、平成14年。
● マルカム・ノールズ著、堀薫夫・三輪健二監訳『成人教育の現代的実践 ──ペダゴジーからアンドラゴジーへ』鳳書房、平成14年。
● エドゥイン・ハミルトン著、田中雅文・笹井宏益・廣瀬隆人訳『成人教育は社会を変える』玉川大学出版部、平成15年。
● 鈴木眞理・津田英二編『生涯学習の支援論』学文社、平成15年。
● 佐藤晴雄『学習事業成功の秘訣！　研修・講座のつくりかた』東洋館出版社、平成25年。
● 立田慶裕『生涯学習の新たな動向と課題』放送大学教育振興会、平成30年。
● 佐藤晴雄・佐々木英和『社会教育経営実践論』放送大学教育振興会、令和4年。

第6章　生涯学習と社会教育の計画

　生涯学習に関する計画（以下、生涯学習計画）は二つの意味をもつ。一つは、多くの地方公共団体で策定されている生涯学習推進計画のことである。生涯学習施策を推進するための行政計画である。

　もう一つの意味は、学級・講座など学習事業の計画のことである。市民を対象にした学級・講座等の学習事業をどう企画し、いつ実施するのかを具体的に計画することである。

　前者はマクロの視点に立つプランニングのことであり、後者はミクロの視点から捉えたプログラミングのことだと言ってよい。[*1]本書においては、生涯学習計画をそれら二つの意味で捉えて、前者を「生涯学習推進計画」とし、後者を「学習プログラム」と呼び、本章では前者について取り上げ、その意義と実際について述べていきたい。なお、学習プログラムについては次章で扱うことにする。

第1節　生涯学習推進計画とは何か

1　社会教育計画と生涯学習推進計画の関係

　もともと多くの地方公共団体は社会教育計画を策定していたが、社会教育行政だけでなく、首長部局の関連行政の学習事業（学習・文化・スポーツ）も含めた施策の推進計画が求められたことから、生涯学習推進計画を策定するようになった。生涯学習推進計画と社会教育計画の違いを対象範囲の広狭の問題として捉えるだけでは適切ではないという考え方もある[*2]が、実際には、生涯学習推進計画が社会教育計画を包括する形で策定されている。多くの地方公共団体では、生涯学習推進計画が策定されると、それまで存在していた社会教育計画はそこに吸収されているので

ある。そこで本章では、社会教育計画を中心に取り上げておきたい。

　社会教育計画は教育計画の一形態であるが、そもそも教育計画とはどのようなものなのか。

　教育計画とは、「教育に関して社会的個人的需要を満たすために、将来の社会および教育の変化を予測しながら、総合的かつ長期的な内容を備えたものを、主として国家レベルにおいて策定し、実施するすべての過程[*3]」だと言われる。この定義によれば、計画の主体が国家に限定されているが、今日教育計画は国家のみならず地方公共団体や各学校、あるいは民間団体等によってもつくられている。地域単位の計画を地域教育計画、学校単位の計画を学校教育計画、そして社会教育に関するものを社会教育計画とそれぞれ呼んでいる。このうち生涯学習に関する各部局の取り組みを計画化したものが生涯学習推進計画である。

　しかしながら、現実的意味において社会教育計画は行政計画が中心になることから、ここでは主として行政が策定する社会教育計画について取り上げてみよう。

2　社会教育計画・生涯学習推進計画の意義

　国や地方公共団体など行政が策定する社会教育計画は行政計画に属するが、その意義はどこにあるだろうか。行政法学を専攻する植村栄治は、行政計画のメリットとして、以下の3点を指摘する[*4]。

　第一に、ある行政領域における基本的な理念や方針を明らかにすることができる。

　第二に、現実の諸条件に照らし可能な限り適切な行政目標を設定できる。

　第三に、行政の整合性（行政間の横断的整合性と時間経過に基づく時間的整合性）が確保できる。

　社会教育計画の場合にも以上のようなメリットがある。通常の社会教育計画においては、基本方針と目的・目標が示され、事業間の整合性を図るよう施策の体系化が示されている。特に、生涯学習推進計画においては、数多くの関連行政が絡むことから、第三のメリットが重要である。

　そこで、以上のメリットを社会教育計画や生涯学習推進計画にもう少し引きつけてみると、それらの意義は以下の諸点に見出すことができる。

　第一に、社会教育行政の基本方針を明言し、住民が必要とする施策を

具現化していくことにある。住民に求められている施策をどの時期、どのような形態で提供するかを具体的に実施する方途として計画が策定されるのである。

　第二に、長期的展望に立った社会教育施策の体系化が可能になることである。実際に社会教育施策の一つひとつが担当者の思いつきや時々の情勢に左右されて気紛れに実施されることも少なくない。そこで、将来を見通した長期的展望に立った計画化を図ることによって、それぞれの施策の位置づけを明確にし、今後求められる施策を体系化することができるのである。

　第三に、現在の施策の改善が図られることである。住民の生涯にわたる学習要求に対応するために、現在の施策がどこまで到達しているのか、そして何が欠け、何が必要とされているのか改めて検討し、その改善を図るための施策の実現が可能だからである。特に、生涯学習推進計画は、各部局間における施策の競合を避けるとともに総合的・包括的に関係施策の実施を目指すところに特色がある。

3　社会教育計画・生涯学習推進計画の特性

　社会教育計画を考える場合に留意すべきことは、「学校教育が学校という教育機関を拠り所にして展開されているのに対して、社会教育のほうはそれよりもずっと大きく広い地域社会を拠り所にして展開されている[5]」ということである。学校教育の計画は学校に所属する具体的な児童生徒を想定して策定できるが、社会教育計画の場合は、地域住民すべてを対象に据え、社会教育施設だけでなく自主的な活動までもその範囲に含めて計画化される場合もあり、対象が広範かつ多様である。つまり、社会教育計画は、国民や住民が「あらゆる機会、あらゆる場所を利用して、自ら実際生活に即する文化的教養を高め得るような環境を醸成する」ために、行政としてどのような方策が可能かをあらゆる角度から検討しなければならないのである。当然、生涯学習推進計画は社会教育以上に幅広い対象層を想定し、各関係部局にわたって総合的に策定されることになる。

　社会教育計画はふつう図6-1に示した段階を経て策定され、生涯学習推進計画もおおむねこれに準じて取り扱われる。この図でもわかるように社会教育調査や評価が重要な意味をもつ。

▪図 6-1　社会教育計画の位置

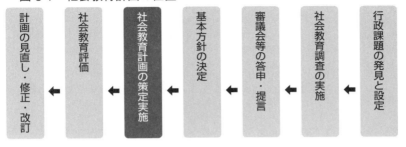

行政課題の発見と設定 → 社会教育調査の実施 → 審議会等の答申・提言 → 基本方針の決定 → 社会教育計画の策定実施 → 社会教育評価 → 計画の見直し・修正・改訂

4　行政計画の問題点

　なお、行政計画にも問題点はある。前出の植村は、その問題点として、①いったん策定された計画が時代の変化に対応しにくくなり行政施策を拘束することがあること、②行政計画に過度の権威が付され、独り歩きするおそれがあること、③実現可能性を十分吟味しないでバラ色の将来構想を描くことがあることを指摘する。[*6]

　実際、社会教育計画や生涯学習推進計画の中には、情報化や国際化などの社会変化に対応できないままにおかれたり、「いつでも、どこでも、だれでも学べる社会」など実現可能性の低いバラ色の構想を描く例が見られる。大切なのは、社会変化や現実の状況に対応した実質のある計画策定なのである。

第2節　社会教育計画・
　　　　生涯学習推進計画の種類

1　策定の意義

　行政の社会教育計画・生涯学習推進計画をその策定主体から見ると、国、都道府県、市区町村、施設のそれぞれの種類に分けることができる。国レベルの計画は、生涯学習審議会等の関係審議会の答申や建議を受けて定められた国の基本方針のもとに、国庫補助事業、国立社会教育施設

の整備、社会教育主事の養成、社会教育関係者研修の実施、調査の実施、資料の刊行など諸事業が財政的裏づけを得て計画化されるものである。

　地方公共団体レベルでは、昭和44（1969）年の地方自治法改正によって、「市町村は、その事務を処理するに当たつては、議会の議決を経てその地域における総合的かつ計画的な行政の運営を図るための基本構想を定め、これに即して行なうようにしなければならない。」（第2条第5項、当時）と定められ、この前後から各地方において行政計画が策定され始め、この一環として社会教育計画が取り上げられるようになった。また、生涯学習推進計画は昭和40年代後半から策定されるようになり、とりわけ平成2（1990）年の生涯学習振興法の制定を契機にして各地で盛んに策定されるようになった。

　今後は、目指すべき未来社会であるSociety5.0のもとで、第5期科学技術基本計画では「持続的な成長と地域社会の自律的発展」や「国及び国民の安全・安心の確保と豊かで質の高い生活の実現」「地球規模課題への対応と世界の発展への貢献」「知の資産の持続的創出」などが目指されることになり、これらの視点を盛り込んだ計画が策定されるであろう。

2　計画形態

　また、計画形態からは、総合計画と課題計画に分けられる。地方公共団体の社会教育計画は行政の総合計画の一分野として策定される場合と、個別の課題として単独に計画される場合とがある。前者の場合には、「〇〇県（市）長期基本計画」などの名称のもとに、それぞれの行政領域毎の計画と並んで社会教育の計画が位置づけられ、行政内部においては企画（調整）部や総務部などの部局の主導性が強くでる。

　後者の場合には、「〇〇県（市）社会教育行動計画」等の名称が付され、社会教育関係部局内独自の計画として策定されることになる。このほか、青少年健全育成総合計画や男女共同参画社会行動計画などいくつかの関係行政にわたって策定される課題別計画もある。これらは社会教育計画と密接な関係にあり、その一部とみなすこともできる。青少年育成や女性問題解決に社会教育としてどう取り組むかの計画が含まれるからである。生涯学習推進計画はまさにこの種の行政計画の一つであるが、他の課題別計画と同様、行政を横割りにした包括的計画である点に特色をもち、またそこに計画策定の難しさがある。

▪ 図 6-2　施策の体系図

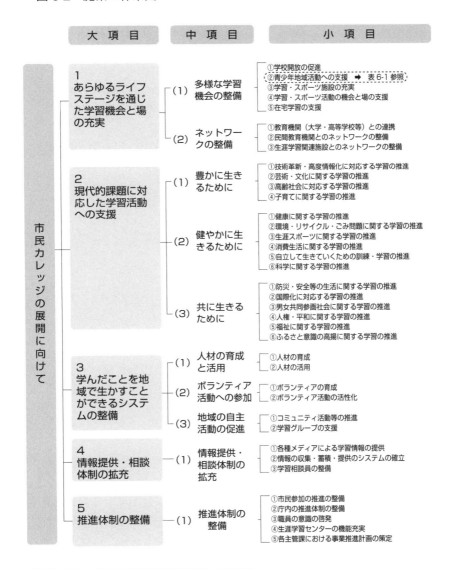

[資料] 府中市『府中市生涯学習推進計画』より作成。

―図6-2 施策の体系図の中の小項目の具体例―

②青少年地域活動への支援

　地域でのボランティア活動や交流活動を通した実践的な学習の場を確保するため、青少年の健全育成を目的とした地域活動、また文化、スポーツなどを通した交流や学習を目的とした青少年の地域活動を支援するとともに、家庭、学校、地域が連携した活動を推進します。

施策・事業名	目的・内容・事業の方向性	担　当	種別
青少年健全育成市民運動推進事業	地域での青少年の交流事業などを通して、青少年健全育成を推進する青少年対策地区委員活動を支援し、地域ぐるみの青少年健全育成活動を推進する。	女性青少年課	拡充
青少年社会参加活動推進事業	小・中学生を対象としたバレーボールの集い、綱引き大会等を通して地域を越えた児童、生徒の交流を推進するなど青少年の社会参加活動を促進する。	女性青少年課	拡充
青少年団体育成	府中市スカウト育成連絡協議会、ボーイスカウト、ガールスカウト、府中市子ども会育成連絡協議会等の団体育成を支援する。	社会教育課	継続

　なお、一般的に社会教育・生涯学習推進計画を含む行政計画は前頁図6-3のような体系図によってそれぞれの施策が示され、計画内容が記述されている。

3　時系列的観点

　そして社会教育・生涯学習推進計画を時系列的観点から見ていくと、長期基本計画、中期計画・実施計画、年度計画に分類できる。長期基本計画とはふつう10年くらいを見通したもので、たとえば、「長期計画」「将来計画」と名づけられたりするが、具体性を欠いたり、将来予測と現実とがそぐわなくなる場合がしばしばある。そこで3～5年毎に長期基本計画の見直しを行い、必要に応じて修正を施し、あるいは施策をより具体化する作業が行われる。これを中期計画、さらに実施計画として改めて計画策定を行うことになる。

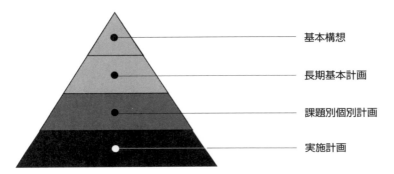

特に、計画や事業が相互に関連するため、行政施策を横断的に捉えて体系化すべきもの、あるいは課題そのものが緊急性の高いものは、「課題別個別計画」として策定される。このように数年単位で計画を見直し、修正、具体化する作業過程のことをローリングと呼んだりする。これら計画の中で各年度に予定されている計画が年度計画である。年度計画には具体的な数値、たとえば事業規模や予算などが明確に記されている。以上の計画の関係は図 6-3 のように表すことができる。

4　社会教育・生涯学習推進計画の領域

　社会教育・生涯学習計画の領域には、関係部局の組織改正計画、社会教育主事等の人事計画、学級講座等の事業実施計画、公民館等の施設整備計画、予算等の財政計画などがある。

　まず、組織改正計画とは、教育委員会内の関係部局組織を時代的要請に応じて改組するための計画である。部、課、係のそれぞれのレベルにおいて、部局の新設、廃止、名称変更、所管事務の変更など組織改正が行われる。

　人事計画は、社会教育主事や社会教育指導員等の指導系職員、あるいは事務職員などの配属や研修について行うものである。むろん事業の量と質に対応できるよう、係や施設単位に必要な職員数が決定される。たとえば、「社会教育課：社会教育主事１名増員」などの形で示される。特に、社会教育主事（補）等専門職員についてはその機能を考慮した慎重な配属・任用計画が望まれる。既存職員に対しては、必要な知識技術

を習得させ、その資質向上を図るため、研修活動についても検討される。この場合にも、研修目的、研修対象、研修課題、規模など具体的計画化が図られる。国の場合には、社会教育主事の養成が重要課題となり、国立政策研究所社会教育実践研究センターや国立大学で養成講習会が実施されている。最近では、生涯学習関連部局の職員を対象にした研修も盛んである。

　事業実施計画は年度毎に事業の実施目的、種類・課題（テーマ）、実施場所、対象者、実施形態、実施規模（定員や指導者数等）、実施期間などを検討し、全体の事業数を決定していく。

　施設配置計画は、施設の配置および利用計画からなる。どの施設を、どこに、いつ建設あるいは改築するのか、その予定についても財政的裏づけを確保しながら計画化していく。たとえば、地方公共団体内を何か所かのエリアに分け、それを年度毎に予定を立てて、そこに一館ずつ施設を配置する。

　利用計画では、中央館と地域館との連携なども検討していく。公民館や生涯学習関連施設等の場合は各館相互に連携して利用者の便宜を図ったり、図書館であれば複数館で図書資料の分担収集を行うなどする。この配置計画と利用計画とは表裏の関係にあり、切り離して考えることはできない。

　財政計画とは、以上の具体的計画を実施するための現実的裏づけになると同時に、それらを制約すると言ってよい。事業や施設、職員に関する計画や具体的施策のそれぞれについて必要な予算編成を行いそれを執行するための計画である。

5　社会教育計画立案の担当者

　社会教育計画策定に際して社会教育主事の果たす役割はきわめて重要である。首都圏の社会教育主事を対象に筆者が実施した調査によれば、「年間事業計画の立案」を行っている社会教育主事は全体の78％で、行政全体の計画にあたる「自治体計画」については約30％である[7]。この調査結果から、社会教育計画のうち特に事業計画は主に社会教育主事によって立案されている様子が指摘できる。また、国立社会教育実践研究センターが実施した調査によると、「社会教育主事として今後携わりたい（仕事）内容」して「生涯学習推進・社会教育計画の立案・評価」を

選択した者は、都道府県社会教育主事38.5％、市区町村同42.7％であっ
た。社会教育主事以外が担当するところでは、おそらく生涯学習を専任
する担当部局や担当職員を設置しているものと思われる。

　しかしながら、各課における計画立案の責任者は当該課長であること
から、社会教育主事は専門的立場からその原案を立てることが任務とな
る。むろんその立案作業は各課各係の担当者と協議することが前提であ
る。

　さらに、社会教育法第17条は社会教育委員の任務の一つとして、「社
会教育に関する諸計画を立案すること。」と定めていることから、社会
教育委員会が設置されている場合には、委員が計画立案に携わることに
なる。ただし、社会教育委員は具体的事項に関わって実際の立案作業を
行うというよりも、どちらかと言えば基本方針や大綱的事項に関して社
会教育主事等の実際業務担当者に助言を与えることが多い。

第3節　社会教育計画と財政

1　社会教育計画と財政の関係

　社会教育計画や生涯学習推進計画の策定において、財政的裏づけがき
わめて重要な位置を占め、それが計画の規模やあり方を左右することに
なる。財政的裏付けがなければ、計画は単なるペーパーに過ぎなくなる。
計画に盛られた施策はその規模と質に見合う予算的裏付けがあってこ
そ、はじめてその実施が保障されることになる。ここでは、社会教育計
画を取り上げながら、計画と財政の関係について述べることにしよう。

　教育財政とは、「主として公教育に関する財政であり、国および地方
公共団体が、教育（学術・文化・スポーツなどを含む）に必要な経済的手
段を取得・管理・支出する経済的行為」だと言われる。わが国の場合、
教育財政は一般財政の一環として運用されている。つまり、一般財政に
おいて教育に充当された費用（教育費）が教育財政の財源として位置づ
けられ、管理・支出されるのである。なお、地方の財源としては、地方
税、使用料および手数料、地方債、地方交付税、国庫補助金・国庫負担
金、寄付金などがある。

財政のうち最も重要なのが予算である。予算において教育に関する経費を教育費と呼ぶ。教育費全体に占める社会教育予算の比率は学校教育予算のそれに比べてきわめて低いという特色をもつ。たとえば、令和2（2020）年会計年度地方教育費の場合、教育費における学校教育費の割合は84.3％を占めるのに対して、社会教育費は9.0％に過ぎない（その他、教育行政費6.7％[*10]）。むろん学校教育とは、施設数、職員数等において両者に格段の差異が見られるからである。

　社会教育予算は社会教育計画にとって二つの意味をもつ。一つは予算が計画の内容と規模を策定段階において制約する要因になることである。たとえば、公民館の需要があっても、それを建設するだけの予算が確保できなければ、計画化できず、あるいは施設規模の縮小を余儀なくされる。もう一つは、予算が確保されれば、その計画を確実に実施することを保障するための裏づけになることである。公民館は建設予算が確保されると、ほぼ確実に実施されることになる。その意味で、財政は社会教育計画に大きな影響力を及ぼしている。

2　社会教育費の分類と運用

（1）社会教育費の分類

　経費の分類は国と地方によって異なるが、地方の場合には一般に歳出予算を執行する部局等の組織区分と目的や使途に応じて、「款」「項」「目」「節」などの区分を用いている。社会教育費は「一般会計歳出」のうち教育委員会が所管する「教育費」に属し、社会教育のために支出される経費に位置づけられるのが典型である。なお、「一般会計」のほかに「特別会計」もあるが、ふつう予算という場合には「一般会計」を指す。これは租税や公債など一般財源をもって充てられるものである。

　「項」に属する「社会教育費」はさらに「目」に該当する費目に分けられる。たとえば、教育委員会事務局社会教育関係課（生涯学習課など）では職員給与や研修などに支出する「目」を「社会教育総務費」、学級講座などのそれを「社会教育事業費」、公民館等の施設の場合には「社会教育施設費」（あるいは「公民館費」）としている。

　そして、「目」はさらに使途別に「節」に細分されている。「節」には、委員に対する手当てなどに支出する「報償費」や外部講師に支出する「報酬費」、職員の出張に際して支出される「旅費」、消耗品等に充てる「一

般需用費」、通信運搬等に係わる「役務費」、事業を外部機関に委託する場合の「委託費」など多くの細分類からなる。各「節」の中で具体的に何に支出するかをあらかじめ決めておく必要がある。

（2）社会教育費の運用

　昨今、地方においては行政改革や財政難の影響から、予算全体が押さえられ、ゼロシーリングつまり各部局の全体予算の伸び率をゼロにする原則のもとで予算編成の工夫を求める傾向にある。その場合、スクラップ・アンド・ビルドの原則、すなわち必要性の高い新規事業を起こすためには必要性の低い既存事業を廃止しなければ予算獲得ができない原則を採っているケースが多い。

　このような情勢においては、新規に事業を計画化することが困難になり、また既存事業の規模拡大も難しくなる。したがって、いくら住民から強い要望があっても、すぐさまそれを事業として計画できないわけである。

　現行法上、地方教育行政の組織及び運営に関する法律により、地方公共団体の長は歳入歳出予算のうち教育に関する事務等に係わる議案を作成する場合には教育委員会の意見をきかなければならないと定められている（同法第29条）。つまり、教育財政の執行や運用の権限については地方公共団体の長が有しており、教育委員会はそれに関する議案の作成段階においては申し出る権限をもつに止まり、直接予算等の決定や執行を行うことができない。したがって、社会教育予算編成の決定に関しても、地方公共団体の長が最終的に行うことになる。予算編成にあたっては、社会教育部局職員と首長部局職員（企画調整など予算編成の担当）との折衝が行われ、その結果予算が決定されることになる。

第4節　社会教育の経営と評価

1　社会教育評価の意義

　社会教育評価とは、関係者が当初の計画や実施の内容と方法が適切であったかを診断するために不可欠な営みである。評価といっても、担当

▪図6-4　マネジメント・サイクルのながれ

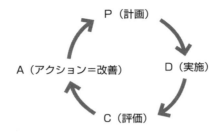

者の経験やカンを尺度として行うインフォーマルなものと診断票などを用いて組織ぐるみで行うフォーマルなものとに分かれる。前者は、学級講座の参加者数や活動の様子を見て、テーマや講師が適切であったかについて読み取るなどの評価をしていくものである。後者の場合は、参加者数やその様子を診断項目（評価項目）にしたがって点数化や尺度づけを行い、職員全体で客観的に評価するものである。従来、どちらかと言えば前者の方法で社会教育評価が行われてきたと言ってよいが、社会教育を経営として捉える立場からは後者の方法による客観的評価を行う必要がある。今日、改めて社会教育評価と言うときには後者の方法を採り入れた評価を指すことが多い。いずれにせよ、評価は新たな社会教育計画に生かされなければ単なる品定めに過ぎないから、その結果を今後の改善のために活用させ、次年度以降の諸施策や計画に反映させるように留意することが重要である。ここに社会教育評価の大きな意義がある。したがって、社会教育の事業全般を経営的行為と捉え、ピー・ディー・シー・エー（PDCA）のプロセスを意味するマネジメント・サイクルの一環に「評価」を位置づけねばならないのである。

2　行政・経営評価

　社会教育評価はその対象領域の側面から、住民の社会教育活動を振興・援助するための行政の条件整備について点検する行政・経営評価と、学習者が何をどこまで学習できたかという学習成果を測定する学習評価に分けられるが、後者は前者を行うための重要なデータの一部として活用されることになる。さらに、今日では学習成果の評価も重要な課題に位

置づけられている。

　行政・経営評価は住民の学習活動を援助するための条件整備がどの程度行われているかを評価するものであり、その主体は行政自身にある。これをさらに分類すると、行政組織評価、人事経営評価、学習事業経営評価、施設経営評価、そして財政評価に分けることができる。

　組織評価には社会教育関係行政組織の整備状況、社会教育委員等関係委員の設置の有無とその機能実態、行政の計画性の有無、施設の配置計画、指導助言体制の整備状況など行政の学習支援体制自体のあり方について行うものがある。人事経営評価は担当課・係の職員数、職員一人当たりの事務量と勤務態様、社会教育主事・社会教育指導員の配置と職務内容実態、職員研修の実施状況などを対象に行う。学習事業経営評価は、事業目的・ねらいの設定、学習テーマの設定、講師・指導者の選定、開設期間・時間、予算、学習環境（会場の広さや空調、施設・設備の整備など）、学習対象者層の設定、さらに団体援助方策などの最適化を目的として、受講者、指導者、担当者等によって実施されるものである。そして、施設経営評価は、施設開館時間、事業の計画性、事業の開設率と実施方法、施設利用規則、施設・設備の充実度、利用者数とその定着率などを対象に行う。そして、財政評価はそれぞれの施策について行うものであり、予算獲得・予算管理・予算支出の各段階について、その正確性、妥当性、合理性、明確性などを評価するものである。

　本来、行政・経営評価は条件整備の改善を目的とするものであるから、第三者によって客観的に行われるのが望ましいが、少なくとも行政自身による科学的根拠に基づいた自己評価を行う必要がある。そのためにも都道府県レベルで経営診断票などを作成し、各市区町村の自己評価方式による行政・経営評価が適切に実施できるような取り組みが大切だと言える。

3　学習評価

　社会教育評価の特徴として、「社会教育の学習は、学習者が学習する自由をもつと同時に、学習をやめる自由も学習者が握っている[11]」と言われる。そのために、「どこを改善すべきか。そうした教育の過程を診断するための評価のあり方が、社会教育には必要である[12]」と指摘される。また、近年は「教育実践のゴールは、教育者側にではなく、学習者側が

何らかの価値を自ら実現するところにある」とされる。[*13]このように、社会教育において学習評価は学習者の視点に立って学習事業の改善を目指すためにも重要である。

　社会教育における学習評価は学校のように定期試験に基づいて他者（教師）によって行われるものではなく、一般的に以下の方法で行われることが多い。

（1）職員による評価
①　参加定着率
　学級・講座等の主催者は参加者に対して毎回出欠をとるが、その結果は学習者の学習評価のための一資料として活用できる。たとえば、参加定着率の高い、つまりほとんど欠席のない受講者とその率が低い受講者とでは態度評価や学習到達度の評価に差異がでてくるからである。むろんこれは学習者の問題であるばかりでなく、学級・講座の企画や学習環境の善し悪しに左右されることから、事業評価の指標としても活用できる。
②　学習行動の観察
　職員が講座に参加し、あるいは学習活動の様子を観察して、学習者の態度や反応、成果などを評価することである。
③　外部試験の合格率
　これは講座修了者が自主的に臨む外部の資格試験等の合格率を評価指標に位置づけることである。たとえば、簿記講座や英会話教室、ペン習字教室などの修了者の資格試験合格率などによる評価である。言うまでもなく、試験受験や結果報告を義務づけることはできないという限界はある。
④　アンケート調査
　よく行政が主催する事業に参加すると、必ずといってよいほどその事業の感想や意見を求めるアンケートが実施される。このアンケートは学習者の評価としてその結果が記されるが、これは参加者の意見などを最も確実にキャッチする行政・経営評価の手段であるだけでなく、その学習成果を自己評価によって確認する手段としても機能する。

（2）学習者による評価
　学習者の自己評価ないしは相互評価という方法も採られる。つまり、

学習活動の節目やグループ協議などの中で、学習者が相互にその学習から何が得られたかを報告し、その成果を分かち合うことである。

（3）講師・指導者による評価

講座や団体の指導を担当する講師や指導者が学習者に対してその成果等を評価することである。これは学習者自身にも報告される場合と担当職員だけに報告されるものとがある。ただ、講師等に感想を求めるなどこの場合はインフォーマルに行われることが多い。

以上の学習評価はあくまでも学習者自らによる学習成果の自己確認であるとともに、学習事業の改善を目的とするものであって、決して学習者等のランク付けを行うものではないことに留意すべきである。

4　学習成果の評価

講座等の参加者が学習活動を通して得た成果を社会的に評価していくことの重要性が指摘されつつある。学習成果の評価は、学習者の学習活動や学習機会提供者などの改善に結びつくというよりも、むしろ学習の結果を社会的に活用することに重点が置かれる。

平成11（1999）年の旧・生涯学習審議会答申「学習の成果を幅広く生かす」は、「第Ⅲ部生涯学習社会への対応」の中で「生涯学習の成果の評価」についての考え方を次のように述べている。

「近年、企業においては、これまでのように学歴・学校歴に偏らず、個人の顕在化した能力を求めてきており、従業員の資格取得が企業の人的資源開発上意味をもつものとして、資格取得を奨励してきている。また、個人が学習した成果を活用して社会参加しやすい環境を整備するためには、社会の誰もが共通して学習の成果を一定の資格取得として確認できることは意義のあることであり、このことにより、学習した個人もその成果を社会に積極的に提供しやすくなるとともに社会も様々な機会に個人の学習成果を活用しやすくなるというメリットがある。」

そして、個人にとっても学習の成果が社会的に認められることは、自己の成長や向上にとって大きな意味をもち、資格取得が学習のインセンティブになるというのである。

その後、第2期教育振興基本計画（平成25（2013）年6月14日閣議決定）

は、「学習者が、安心して、質の高い学習を行うことができ、また、その学習の成果が評価され、社会で幅広く通用するための環境を構築する。このため、多様な主体が提供する学習機会の質保証・向上を推進するとともに、習得した知識技能を評価し、その結果を広く活用する仕組み等を構築する」よう求めた。そのために、学習機会の「質の保証」とともに、教育支援人材等の人材認証制度などの学習成果の評価・活用の仕組みを構築し、また検定試験等の社会的通用性を高めること、ICT を活用した評価・活用などを基本施策の一つに位置づけたところである。

　直近の第 3 期教育振興基本計画（平成 30（2018）年 6 月 15 日閣議決定）は、「目標（10）人生 100 年時代を見据えた生涯学習の推進」の中で、「生涯を通じた学習の成果の適切な評価・活用のための環境整備」を取り上げて、「・学習の成果を測る検定試験について、質の向上と社会的活用の促進に向け、検定試験の自己評価や第三者評価の普及・定着を図るなど学習成果の活用に資する取組を進める」ことを盛り込んだ。

【註】
* 1　鈴木眞理「社会教育の計画とは」倉内史郎編『社会教育計画』学文社、平成 3 年、pp.27-28。
* 2　安原一樹「生涯学習計画をどう理解するか」『成人学習論と生涯学習計画』亜紀書房、平成 6 年、pp.85-90。
* 3　真野宮雄「教育計画」天城勲・奥田真丈・吉本二郎編『現代教育用語辞典』第一法規出版、昭和 48 年、pp.110-111。
* 4　植村栄治『行政法教室』有斐閣、平成 12 年、pp.133-134。
* 5　諸岡、前掲論文、pp.51。
* 6　植村、前掲書、pp.134-135。
* 7　佐藤晴雄『生涯学習と社会教育のゆくえ』成文堂、平成 10 年、pp.232-240。
* 8　国立社会教育実践研究センター『社会教育主事の養成と活用・キャリアの実態に関する調査報告書』同センター、平成 27 年。
* 9　高倉　翔「教育財政」沖原豊編『教育法規概説　改訂』第一法規出版、昭和 55 年。
* 10　文部科学省『令和 3 年度（令和 2 年会計年度）地方教育費調査』令和元年 11 月 28 日、第 1 表。
* 11　深谷昌志「教育評価の視点と方法」岡本包治他編『社会教育評価』第一法規出版、昭和 50 年。
* 12　11 に同じ
* 13　佐々木英和「学習の成果活用と評価」、佐藤晴雄・佐々木英和『社会教育経営実践論』放送大学教育振興会、令和 4 年 , pp.194-195。

【その他参考文献】
。松原治郎編『教育調査法』有斐閣、昭和 60 年。
。倉内史郎・土井利樹編『成人学習論と生涯学習計画（生涯学習実践講座 3）』亜紀書房、平

　成6年。
◦今西幸蔵『社会教育計画ハンドブック』八千代出版、平成16年。
◦蛭田道春編『生涯学習支援の計画づくり』日常出版、平成17年。
◦鈴木眞理・守井典子編『生涯学習の計画・施設論』学文社、平成15年。
◦鈴木眞理・稲葉隆・藤原文雄『社会教育の公共性論－社会教育の制度設計と評価を考える』
　学文社、平成28年。
◦鈴木敏正『生涯学習の教育学－学習ネットワークから地域生涯学習計画へ』北樹出版、平成
　26年。
◦佐藤晴雄『学習事業成功の秘訣！　研修・講座のつくり方』東洋館出版社、平成25年。

第7章　学習プログラムの編成

　生涯学習の振興においては、学習の場と機会の提供が求められる。学習の「場」の提供とは主として公民館をはじめとする生涯学習関連施設などが学習の物理的な場を提供することを意味し、学習の「機会」の提供とは学級・講座など学習プログラムを実施することを指す。

　学習プログラムは学習事業の一環をなし、学習者にとっては具体的な生涯学習の機会になる。教育委員会が主催する市民大学や公民館が行う各種講座、あるいは民間事業所が開催するカルチャー教室などのことである。この学習プログラムを編成するためには、生涯学習や社会教育に特有な諸条件や手順、視点がある。通常、教育委員会や公民館等の職員がそれを編成するが、なかには市民が企画する制度を採り入れている市町村も見られる。

　本章では、学習プログラムを編成するための要素や視点、プログラムのタイプなどについて述べておきたい。

第1節　学習プログラムとは何か

1　学習プログラムの定義

　学習プログラムは生涯学習計画の最も具体的な形態になるが、どう定義されるだろうか。岡本包治は、学習プログラムを、「学習者が学習を進めていくのを援助していくため、学習援助者側が中心となって設定する援助計画の全過程を一定様式に納めた予定表のこと」だと定義する。[*1]

　その目的は「学習者が学習を進めていくのを援助していくため」とされるが、そこには学習者に対する学習機会の提供を含めて解してよい。また、

「学習援助者側」とは、教育委員会や公民館、あるいは民間指導者などと解せる。そこで、もう少しかみ砕いた形で定義すると、学習プログラムとは、学習者に学習の機会を提供し、あるいは学習を援助することを目的として、教育委員会や関係施設・事業所などが編成する具体的な学習日程と学習内容、指導者などを記した進行計画のことだと定義できる。

　これを学校におけるカリキュラム＝教育課程に相当するものと解すこともできるが、教育課程は、各領域（教科・道徳・特別活動等）の目標と授業時数、学習活動などを記した年間計画であるのに対して、学習プログラムは特定の学習対象と学習課題に関して学習活動の日程等を記した個別の計画である点で、教育課程とは異なる。

2　学習プログラムの要素

　学習プログラムは、5W1H＋1Mの六つの基本的要素によって編成される。つまり、学習プログラム編成は、ねらい（Why）、学習内容（What）、指導者および対象（Who－Whom）、会場（Where）、実施時期（When）、学習形式（How）、予算（Money）という要素を決めることなのである。

　①　ねらい（目的）

　まず、学習プログラムのねらい（目的）を決める。プログラムを通して学習者にどのような資質・技能等を身につけてもらうかを具体的に記すのである。このねらいを一つの短い文に表したものがテーマになる。

　また、ねらいは学習課題と連動する。学習課題は、①必要課題と、②要求課題に大別される。必要課題とは、主催者側が学習者に学んで欲しいと考える課題のことである。たとえば、人権、環境、政治意識、地域連帯意識、国際理解などの行政課題に直結するものなどが当てはまるが、行政課題や地方公共団体の方針、地域性、時代性などに左右されるため、学習内容によって必要課題を単純に決めることはできない。

　要求課題とは、学習者のニーズに応じた課題のことで、端的に言えば、多くの学習者が学びたいと思うような学習課題を意味する。ニーズを把握するために、市民意識調査や公民館利用者などに対するアンケート調査が実施される。一般的には、趣味・けいこごと、英会話、パソコンなどの学習希望者が多いことから、これらは要求課題とされやすい。ただし、この場合も地域性や時代性、主催者の考えなどによって変化するので、学習内容だけで要求課題を位置づけることができない。

▪ 図 7-1　学習課題の決定

② **学習内容**

ねらいを具現化するにふさわしい学習内容を決定するが、プログラム
が複数回にわたるときには各回の内容を決めていく。毎回、どのような
学習活動を行うかが具体的にわかるようにしておくのが大切である。そ
の場合、留意したいことは、どこかに目玉になる活動を位置づけること
である。たとえば、野外活動ならキャンプ実習が目玉になり、料理教室
なら試食パーティーなどが目玉になる。また、学習内容に適した学習方
法を用いることも検討しなければならない。

③ **対象**

学習プログラムが想定する学習者の属性と人数を決める（次頁表7-1参
照）。一般的に、青少年（少年と青年を分ける場合もある）、成人（「18歳以上」）、
高齢者（成人の中でも、「60歳以上」など年齢の下限を定めるもの）など年代
に基づいて対象を限る視点と、女性（女性のみを対象とする場合）や障害者、
勤労者、幼児をもつ親、団体代表者、小学生、高校生など年代以外の属
性に基づいて対象を決めることもある。いずれの場合も、対象者の人数
をあらかじめ決めておくことになる。

④ **指導者**

学習活動に適した指導者や講師、講師補佐などを具体的に選定して、
依頼する。その場合、指導者等には、実技指導や講話、学習支援などど
のような形で依頼するのかを十分検討しておくことが大切である。普通、
指導者はその分野の専門家やベテランを充てるが、指導者育成や市民人
材活用の観点からまだ専門家やベテランに達していない人材を生かすこ
ともある。

⑤ **会場**

会場は学習内容や学習対象の属性・人数を踏まえて適切なところを選
び、確保する。また、視聴覚機器等の設備の有無を確認したり、特に野
外活動の会場の場合には安全管理の視点から適切な場所を確認する。

- 表 7-1　学習プログラムの対象例

年代による対象区分	属性による対象区分
幼児	乳幼児をもつ親（父親／母親）
少年（小学生、中学生）	小中学生等をもつ親（父親／母親）
青年（高校生、大学生等）	在学青少年／勤労青年
成人	女性／勤労女性／男性
高齢者	障害者、委嘱委員、指導者、社会教育関係団体代表 など

⑥　実施時期

　学習活動にふさわしい実施時期と回数を検討する。野外活動なら冬を除く時季に、準備学習を含めた比較的長期間を設定することになり、座学の講座の場合も、社会的背景を考慮した時季に開催することが望ましい。座学の例をあげると、税金に関する講座ならば秋季から冬季に開催し、家庭教育関係の講座ならば新入学の時季が適当である。

⑦　形式

　生涯学習プログラムの学習形式には、①学級、②講座、③教室、④講習会、⑤大会・祭などがある。学習のねらいや内容に照らして、これらのどれが適しているかを検討し、採り入れることになる。それぞれの特徴は以下のようになる。

　ⓐ学級：学習者同士の人間関係形成を重視したプログラムで採用される学習形式である。家庭教育学級などでは学習者が討議を通して情報交換と人間関係づくりを深めることをねらいとする。話し合いの中で、当然に学習者は他の学習者との交流を深め、人間関係を広げることになる。高齢者学級や青年学級なども同様のねらいをもつ。なお、学級は特定分野の学習を取り上げるというよりも、多様な内容と方法を取り上げる「総合」型のプログラムとして編成されることが多い。

　ⓑ講座：講師と学習者との間の関係を通した学習を重視する方法であり、通常、学習活動中は学習者相互の交流が行われないものである。したがって、学習者はほかの学習者の名前などを知らないまま学習を終えることもある。たとえば、歴史講座、環境問題講座、市民講座などの名称のプログラムがある。

　ⓒ教室：講座が座学による知識習得をねらいとするのに対して、教室は実技取得をねらいとするものである。趣味・けいこごとやスポーツ、

野外活動を内容とするプログラムで採用される。たとえば、料理教室、将棋教室、テニス教室、キャンプ教室などのプログラムがある。

ⓓ**講習会**：資格取得や指導者養成をねらいとするプログラムである。この中で、講義や実習・実技などの学習方法が採り入れられる。救急法講習会やレクリエーション指導者講習会、子ども会リーダー講習会などがある。

ⓔ**大会・祭**：いわゆるイベントのことである。単発的プログラムで、学習成果の発表や学習の動機づけ、学習者の交流などをねらいとして行われる。スポーツ大会、市民文化祭、公民館祭、市民祭などの例がある。

⑧　**予算**

以上の要素は予算を前提として成り立つものであるから、その規模に左右されることになる。プログラムの主な予算は、指導者への謝礼などの人件費、会場使用料、教具・教材費であり、このうち人件費の占める割合が最も高い。教材費は学習者の実費負担とされるケースも少なくない。

以上の各要素を盛り込んだプログラムは学習者募集のチラシとして用いられる。

第2節　学習プログラムのタイプ

学習プログラム研究ではこれまで注目されてこなかったが、イベントを除くプログラムにはいくつかのタイプがある。筆者は、そのタイプを、①直列型、②放射型、③分岐型の三つに分類している。[*2]

1　直列型プログラム

直列型プログラムとは、ねらいに向けて、一定の順序性に従って複数回の学習が一直線に組み立てられるタイプである。最終回でねらいが達成されることが期待される。実技習得をねらいとするプログラムにこのタイプが多い。

その順序性には、「基礎～応用」「平易～難」「時代順」「作業手順」などの視点がある。たとえば、テニス教室の場合には、「ラケットの握り方」「素振りの練習」などから始まり、最後の回では「練習試合」など

が組まれる。料理教室であれば、「包丁の使い方」「出汁の採り方」などから始まり、最後の方では簡単な料理を作って試食会などを組み込んでいく。歴史講座なら、古代から始まり、現代に至る過程に則して学習が組まれるであろう。

　ただし、このタイプのプログラムは学習者が途中欠席すると、学習が継続しにくくなるという短所はあるが、実技習得や系統的な学習に適している。

▪ 図 7-2　直列型プログラム（5 回連続プログラムの場合）

2　放射型プログラム

　放射型は、図 7-3 のように、ねらいに向けて、様々な視点や分野の学習が組まれるタイプである。直列型とは異なり、各回の学習が独立

▪ 図 7-3　放射型プログラム（6 回連続プログラムの場合）

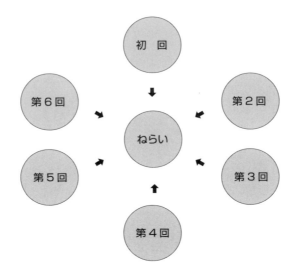

しているので、途中欠席があっても学習に大きな支障がないという特徴がある。

　たとえば、「現代世界の実相を学ぶ」というテーマだとすると、第1回「日本と世界」、第2回「現代アジアの情勢」、第3回「アメリカの実像」、第4回「ヨーロッパの今」、第5回「アラブ諸国の理解」、第6回「アフリカのこれから」などのように、各回が各論的に位置づけられる。

　このタイプは実技習得にはあまり適さず、また累積的な学習にも向かない。概論的、入門的な座学に採り入れられるタイプである。

3　分岐型プログラム

　これは、直列型のプログラムの途中を複数のコースに分けるタイプである。初回は全員が同じ学習を行い、途中からいくつかのコースの中から一つを選択して小グループで学習を進め、再び全体で学習するようなプログラムである。たとえば、「郷土を知る」というテーマでプログラムを編成する場合、第1回「私たちの郷土と暮らし」、第2回「郷土環境を理解する」という小テーマを組み、学習者全員に参加させ、第3回と第4回は「郷土史コース」と「郷土の産業コース」などの2コースに学習者を分ける。そして第5回「郷土の未来」で全員が学習し、締めくくるようなタイプである。

　学習者が好みのコースで学習できるという利点はあるが、その分、担当職員の人数と負担が増えるという短所もある。

▪ 図7-4　分岐型プログラム（5回連続プログラムの場合）

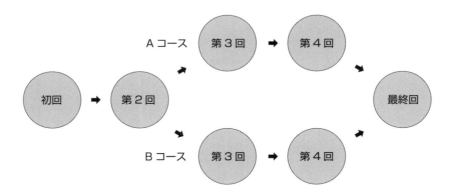

実際の学習プログラムの中には、上記タイプの変形ともいうべきもの
も見られるが、多くはそれらのいずれかに当てはまるであろう。いずれ
にしても、学習のねらいや内容などに則した適切なタイプが選択される
ことになる。

第3節　学習プログラム編成の視点

　生涯学習や社会教育のプログラムの場合には、学習者の自主的な参加
を前提とするため、学習が継続されにくいことがある。学習者は初回に
参加しても期待と違えば次回から参加しなくなることがある。
　そこで、学習を継続させるようなプログラム編成の視点に配慮するこ
とが大切になる。

1　魅力の条件

　まず、プログラムに魅力をもたせる工夫が必要である。岡本包治は、
魅力的な学習目標に必要な条件として、「達成可能性」「具体性」「焦点性」
「メリット性」を指摘している。つまり、どこまで学べるかがわかり、
その学びが具体的にわかり、焦点が絞られていること、そして学んだこ
とにメリットが感じられることが魅力につながるというのである。
　このことを踏まえながら、学習プログラムの魅力の条件を改めて整理
すると、①実利性（役に立つ）、②自己充足性（手応えがあり、満足できる）、
③啓発性（発見がある）、④娯楽性（楽しい）、⑤好イメージ性（格好よい）
などの諸点をあげることができる。
　①　実利性
　これは、学習すればそのことが役立つであろうという要素である。習
得した知識や技術を生活に役立て、生活を豊かにできるようなプログラ
ムには大きな魅力がある。料理教室や英会話教室、パソコン教室、着付
け教室などが好まれるのは実利性が高いと認識されるからである。
　②　自己充足性
　自己充足性とは、手応えややりがいが感じられ満足が得られることで
ある。ボランティア活動やキャンプ実習、創作学習などは自己充足を高める

活動だと言ってよい。また、スポーツ関係のプログラムのように、できなかったことができるようになるのも自己充足を高めることにつながる。

③ 啓発性

これは、知らなかったことを知ることができたり、わからなかったことが理解できたりするような要素である。法律講座で今まで理解していなかった法の仕組みを理解したり、環境講座で学んで、日々の生活のあり方が環境問題につながっていることを改めて知ったりする場合が当てはまる。目からウロコがとれるような感じのことである。

④ 娯楽性

娯楽性は、活動自体が楽しいことはもちろん、他の参加者との交流が楽しい場合も含む。芸術や囲碁・将棋、スポーツなどのプログラムでは毎回の活動自体が楽しく感じられるだろうし、また、いろいろな学習参加者と一緒に活動することにも楽しさが感じられることも魅力につながる。

⑤ 好イメージ性

学習活動に対するイメージがよいことも魅力につながっている。たとえば、ある教育委員会では、「野外活動指導者養成」と称するプログラムを実施してきたが、次第に参加申し込み者が少なくなった。そこで、同じ内容でも「アウトドア教室」と名称を変えたところ参加申込者が増えてきたという。イメージがよくなったからである。また、ある公民館では「仲間づくりのための青年講座」を実施したところ、申込者が数人だったと言う。友だちのいない青年の集まりという印象を与えたからであろう。イメージも魅力を大きく左右するのである。

以上のような条件を考慮した魅力づくりの工夫が大切である。

2　学習の展開

前述したプログラムのタイプに沿って各回の学習活動を位置づける場合、学習の順序性に基づいて単純に編成すればよいというものではない。学習を継続させるためにはひと工夫必要なのである。

学習活動が単調に進まないように、「目玉」となる活動を採り入れる。「目玉」とは学習意欲が最も高まる「動き」のある学習活動のことである。たとえば、有名な人気講師の講演や実習、発表会、交流会などである。この「目玉」をどこに位置づけるかを工夫しなければならない。結論か

ら言えば、図7-5のタイプ1がもっとも望ましいだろう。

　つまり、プログラム半ばよりも少し後半に「目玉」を置くのである。「目玉」までの間は少しずつ学習意欲が高まるようにしていき、「目玉」でその意欲が頂点に達するようにする。「目玉」以降は学習者のテンションを少し下げた形で終了すると、学習者は若干の物足りなさを感じ、自主活動サークル化に取り組もうとする意欲をもつようになるからである。

　ところが、タイプ2のように「目玉」を初期に置いてしまうと、学習者はある程度の満足感を得てしまい、後半の学習に意欲を感じにくくなってしまう。たとえれば、最初においしい物を食べてから、あまりおいしくない物を食べたときのような感じになる。タイプ3もあまり望ましくない。半ばに「目玉」を置いてしまうと、以後、あまり意欲を感じなくなり、最終回あたりには完全に学習活動が終わった感じを得るので、自主学習にまで発展しにくいからである。

　このような「目玉」の工夫もプログラム編成にとって大切な視点となる（表7-2）。

3　活動の三原理

　かつて、イギリスのユース・サービス（青少年事業）には、①集いの原理（A＝アソシエーション）、②挑戦の原理（C＝チャレンジ）、③訓練の原理（T＝トレーニング）というACTの原理が必要だと言われた。筆者は、これら三つの原理は生涯学習のプログラムにおいても大切だと考える。つまり、プログラムの参加者がお互いに交流を深め、何か新しいことにチャレンジし、そして技能や学習の訓練を行うようなプログラムこそが学習効果を高めることにつながると考えるからである。

　特に、高齢者学級など学級形式のプログラムでは三原理をすべて考慮することが望まれるが、講義中心の講座形式プログラムでも集いの機会を設けるなど、できるだけ三原理を踏まえたプログラム編成に努めることが期待される。

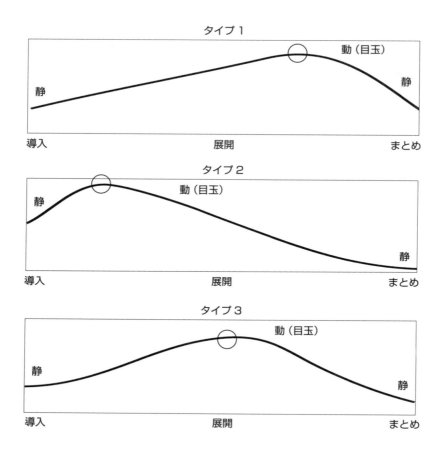

第4節　学習プログラムの編成者と企画委員制度

　学習プログラムは主催する職員、具体的に言えば、教育委員会や公民館等の職員、関連行政や民間学習事業所（カルチャーセンター等）の職員が編成することになる。教育委員会の場合、青少年教育、女性教育、高齢者教育など各分野の担当者が担当プログラムを編成する。社会教育主

▪表7-2 タイプ1のプログラム例
（青少年リーダー養成講習会プログラム）

日時	場所	9時　10時　11時		12時	13時　14時　15時　17時		
8月2日（火）	区民センター	9：30開会式オリエンテーション	アイスブレイク・ゲーム	昼食	委員会説明ほか　班活動	委員会活動	全体会
8月4日（木）		受付	ゲーム、レクソング、ダンス等の時間	昼食	委員会活動	班活動	全体会
8月9日（火）		受付	ゲーム、レクソング、ダンス等の時間	昼食	委員会活動	班活動	全体会
8月16日（火）		受付	レクソング、ゲーム　班旗づくり	昼食	委員会活動	班活動	全体会
8月18日（木）		受付	事前講習　〜宿泊実習に〜向けて	昼食	委員会活動	班活動	全体会

午後の活動の説明

8月22日〜25日	伊豆高原学園	宿泊実習　いよいよ3泊4日の伊豆高原です	・バスレク ・生活クラフト ・野外クッキング ・ハイキング ・キャンプファイヤー ・フィールドゲーム ・ナイトレクリエーション　など

「目玉」の学習 →

8月30日（火）	区民センター	受付	宿泊実習の反省	昼食	まとめ（班討議）
9月18日（日）		受付	レクリエーション	昼食	お別れ集会　バッジ授与

- 図7-6　学習プログラムのチラシ例

2022年度　砂町文化センター　春の講座　　　　　　　【講座番号　280106】

こどもとアート
〜親子で造形コミュニケーション〜
講師：○○○○大学教授　○○○○

毎回テーマに基づき、大きな紙に落書き
をしたり、新聞紙を使ってできるあそび
など、様々な造形にチャレンジします。
造形を通じてこどもの心の発育や表現を
知り、上手にこどもと付き合う方法も学
びます。

※こどもに絵画技術を教える講座ではご
　ざいません。
※こどもだけの受講は出来ません。

- ■期　　間　2022年5月15日、6月19日、7月17日
- ■曜　　日　月1回　日曜日
- ■時　　間　10：30 〜 11：50
- ■回　　数　全3回
- ■会　　場　砂町文化センター　3階　研修室ほか
- ■定　　員　親子10組　（20名）
- ■受講料　8,000円（3回分）　■教材費　600円（3回分）
※こども追加料金1人あたり4,300円（受講料・教材費　全3回分）
※こども対象年齢　2022年5月15日時点で満4歳〜小学2年生

江東区文化コミュニティ財団では、江東区の方針に沿った財団ガイドラインに基づいて新型コロナウイルス感染症拡大防止に最大限努めます。
ご協力をお願いします。

検温のお願い　　マスク着用のお願い　入口でアルコール消毒　ソーシャルディスタンスの確保　　換気の徹底

①検温　来館前に検温をお願いします。発熱・体調不良等の場合、出席をご遠慮ください。　②マスク着用　マスクを着用して受講ください。
③手洗い、アルコール消毒　受講の前後に手洗い・アルコール消毒を行ってください。　④受講生同士の間隔確保　接触を防ぐため座席の間隔を空けています。
⑤換気の徹底　空調設備による常時換気とともに、ドア・窓を定期的に開放して、換気をしています。
⑥受講生名簿の扱い　感染発生等の場合、保健所等の公的機関にお名前・連絡先を提供することがあります。

主催／公益財団法人江東区文化コミュニティ財団・江東区砂町文化センター

【お申込み・お問合せ】　　江東区砂町文化センター

※詳細は裏面もご覧ください　136-0073　江東区北砂5－1－7
　　　　　　　　　　　　　　TEL　03-3640-1751　FAX　03-5606-5930

事や社会教育指導員などがこれらプログラムを主担当したり、担当者に助言したりする。

　しかし、近年、市民による企画委員制度を採用するところも次第に見られるようになった。これは市民のうち希望する者が学習プログラムを企画・編成・実施の過程に参画する方式である。そのねらいは、①担当職員だけでは把握しにくい市民のニーズをプログラムに的確に反映させること、②企画のアイデアをより広く募り、豊かなプログラムを実施できること、③企画委員のボランティア活動によって担当者不足の問題が解消できること、④市民参画の一つの方法として位置づけられることなどにある。

　市民大学などの多くの例で、独立した企画・運営委員会などを置いていると言う。[*5]地方公共団体が行う学習プログラムでも企画委員制度は次第に浸透しつつある。たとえば、横浜市の「生涯学級」は、市民による企画者である運営委員が企画し、実施段階でも市職員とともに関わる事業である。また、さいたま市では企画委員による企画をコンペにかけて、選ばれたプログラムの企画を実際に実施するという方式をとっている。

　企画委員は、テーマ設定、プログラム編成、会場確保、チラシづくりなど学習プログラム実施に必要な一連のプロセスに関わり、自らも学習に運営者として参画している。これは、学習プログラム編成の一形態であると同時に、企画委員にとっては新たな生涯学習活動の機会にもなりうる。つまり、企画に参画する過程を通して、単なる学習者とは異なる次元の学びの機会を得ることになるからである。その意味でも、今後、企画委員制度は広がっていくことが期待される。

【註】
＊１　岡本包治「学習プログラム」日本生涯教育学会編『生涯学習事典』東京書籍、平成２年、p.370。
＊２　佐藤晴雄『学習事業成功の秘訣！　研修・講座のつくりかた』東洋館出版社、平成25年。
＊３　岡本包治編『生涯学習プログラムの開発（現代生涯学習全集第４巻）』ぎょうせい、平成４年、p.30。
＊４　佐藤、前掲書
＊５　田中雅文『現代生涯学習の展開』学文社、平成15年、p.161。

【その他参考文献】
◦佐藤晴雄・望月厚志・柴田彩千子著『生涯学習と学習社会の創造（講座現代学校教育の高度化）』学文社、平成25年。
◦佐藤晴雄・佐々木英和『社会教育経営実践論』放送大学教育振興会、令和４年

第8章 生涯学習関連行政の仕組み

生涯学習に関する行政は、教育委員会の生涯学習課をはじめ、知事や市町村長など首長の部局も少なからず関わり、非常に多岐にわたっている。実際に、生涯学習課が担当する行政を生涯学習行政と呼ぶことはあまりなく、現在でも社会教育行政と呼ぶ傾向にあり、これを中心としながら、学習・文化・スポーツなどに関する事業を実施している首長部局を総称して生涯学習関連行政と称する。本章では、主に社会教育行政を取り上げ、その特徴と役割、組織などの制度を明らかにしつつ、生涯学習に関わる行政の仕組みについても述べておくことにする。

第1節 社会教育行政とは何か

生涯学習関連行政の中心になるのが社会教育行政である。教育委員会等の生涯学習課はこの社会教育行政を所管する行政であるが、同時に、他の関連する行政と包括されて生涯学習関連行政の一部をなしている。そして、生涯学習に関わる複数の行政、つまり生涯学習関連行政を全庁的に推進するために生涯学習推進体制が展開されているのである。

ただし、社会教育行政は教育行政に位置づけられ、他の行政とは異なる原則と性格に基づいて運営されている。そこで、最初に、教育行政の特質について明らかにしておく必要がある。

1 教育行政の原則

行政とは立法、司法と並ぶ国家統治権の中の一つであり、国や地方公共団体に属する行政官庁によって執行される公的な営みのことを言う。

教育行政は「教育に関する行政」だと言われるが、その主な領域は学校教育、社会教育をはじめ、学術、文化、宗教などにも及んでいる。社会教育行政は「社会教育に関する行政」だと言ってよい。

　戦後わが国の教育行政の原則として、①法律主義、②分離独立主義（政治的中立性）、③地方分権主義の三つがあげられる。戦前の　①勅令主義、②教育行政と一般行政の一体化、③中央集権主義という原則の反省から生まれたものである。むろん、これらは社会教育行政にも適用される原則である。

　法律主義とは、国権の最高機関である国会の議決を経て制定された法律を根拠として行政が行われる、いわば「法による行政」の原則のことである。戦前は天皇の勅裁を経た勅令や天皇大権の委任に基づく省令等の形式によって行政行為が執行されたが、戦後はそれら勅令等の形式を認めず、教育関係の法律を執行することを教育行政の使命とし、文部省令等行政機関の命令も法律の委任に基づいてのみ発せられることとなった。

　分離独立主義とは、首長（知事、市区町村長）の政治的恣意が教育に直接影響を及ぼすことをできるだけ避けるために、教育行政を首長部局から分離独立させて設置する原則である。

　戦前の制度下においては、教育行政が一般行政に包含され、政治的影響力をもろに受けていた。しかし、自由な精神形成を本質とする教育は政治的党派的影響をもろに被るべきではない。そこで、首長の政治的影響力を制約する意味において、教育行政の政治的中立性が要請され、その制度化を図るために首長部局から分離独立させた行政委員会として教育委員会が設置されたのである。

　ただし、近年、教育委員会制度改革によって、首長が「総合教育会議」を主宰できることとされたように、首長の教育行政への関与が強まった結果、分離独立主義の原則が弱まりつつある。

　地方分権主義は教育事務の多くを地方固有の権限とする原則のことである。中央政府はもっぱら全国的レベルに関わる事務、たとえば学校・施設の設置基準や国庫補助などの権限に制限されることになる。戦前、地方の教育行政は学校の施設管理の責を負うだけで、人事や運営の管理については文部大臣や地方長官の名の下に国が行うこととされていた。戦後からは、憲法で地方自治体の本旨がうたわれ、その本旨に基づいて地方公共団体に教育行政の事務責任を移行し、公立学校や社会教育に関

する事務を固有な権限として認めることになった。その管理機関が教育委員会なのである。

2　教育行政の作用

　行政は公共目的を実現していく営みであるが、その作用を　①規制作用、②助成作用、③実施作用に分けることができる。規制作用とは、私人または地方公共団体の行為に対して一定の制約を加えたり、何らかの義務を課したりすることを言う。公民館等社会教育施設の利用に際して一定の条件を設け、文化財保護のために私人の財産に関わる行為を一定程度制約することが該当する。この規制作用を行う場合には必ず具体的な法的根拠を必要とする。

　助成作用は私人や地方公共団体の行為を奨励、援助するために、財的援助や指導助言を行う行為である。公民館の設置などに際して国が地方公共団体に対して国庫補助を行うこと、社会教育関係団体に市区町村が指導助言することなどの場合である。ただし、助成作用は教育活動を行う主体の自主性を冒すことがないよう配慮すべきであり、この限りにおいて法に禁止の規定がなければ特に具体的な法的根拠を必要としない。

　実施作用は行政が自ら事業を行うことである。つまり、第三者に対して働きかける作用ではなく、国あるいは地方公共団体が学校、公民館、図書館、博物館などを設置し、学級・講座・教室などを開設することを言う。これら諸事業の実施を通して国民や地域住民に行政が直接教育サービスを提供しようとするのである。この場合、教育を広く普及させることが重要だとする観点から、法に禁止の規定がない限り具体的な法的根拠を要しない。

　これら作用のうち、教育の自主性を尊重するために規制作用はできるだけ控えめに行われるべきで、むしろ助成作用が中心的な位置を占めることになる。

3　社会教育と社会教育行政の違い

　社会教育は学習者である地域住民の自主性を尊重することを使命とするものであるから、その主体は住民だということになる。文部省（現、文部科学省）の元社会教育局長の今村武俊は、「『社会教育』とは、一種

の教授・学習過程であり、教育機能そのものであるから、行政とは別個の観念である。一方、『社会教育行政』とは、行政の組織および機能であり、その機能は、国や地方公共団体に属する。それは、教育とは別個の立場に立ってつくられた観念である。[*1]」と、社会教育と社会教育行政の違いについて指摘する。つまり、社会教育は教育的営為そのものであるのに対して、社会教育行政はあくまでも行政機関を主体とする行政行為なのであって、教育活動ではないと言うのである。

　社会教育法は、国および地方公共団体の任務として、社会教育の奨励に必要な施設の設置・運営、集会の開催、資料作成をはじめ様々な方法により、「すべての国民があらゆる機会、あらゆる場所を利用して、自ら実際生活に即する文化的教養を高め得るような環境を醸成するように努めなければならない。」（第3条）ことを定めている。この意味で、社会教育行政は環境醸成行政だと言われている。

　たしかに、住民の自主的なグループ・サークル等の社会教育関係団体や個人自らが行う教育活動は社会教育に該当し、その場を提供し、あるいはその活動に指導助言することが社会教育行政の役割だということは明らかであるが、教育委員会の社会教育課が学級・講座を主催する場合には、行政自体が教育を行うかのような印象を受ける。しかし、そのケースでも教育＝学習主体はあくまで住民であり、行政はその機会を提供するにすぎないと解されるべきである。このような学習と教育の混同は、「意図的な施策として進められてきた[*2]」からだとする解釈も見られるが、現実の社会教育において学習行為と教育行為が学校教育ほど明確に分化していない実態と並んで、教育機関（公民館等）が行政から完全に独立せずに行政自らが住民対象の教育事業を開催していることも原因すると考えられる。

4　社会教育行政の性格

（1）サービス行政としての社会教育行政

　社会教育行政は規制作用を中核とする権力行政としてではなく、いわゆるサービス行政＝非権力的行政として特徴づけられる。なぜなら、それは国民の教育水準を確保し、教育機会を保障するという公共目的を社会教育の振興という観点から実現していくためには、地方公共団体や私人の行為に制約を加えることよりも、それらの活動を奨励することを本

旨とするからである。すなわち、それは「援助すれども統制せず」というサポート・バット・ノーコントロール（Support but Nocontrol）の原則を基本とする。

（2）「求めに応じた」奨励・援助

　社会教育法は、自主的な団体に対する行政の規制作用が禁欲的であるべきことを規定する。同法第12条は、「国及び地方公共団体は、社会教育関係団体に対し、いかなる方法によつても、不当に統制的支配を及ぼし、又はその事業に干渉を加えてはならない。」と定めている。また、指導助言に際しても、第11条第1項で「文部科学大臣及び教育委員会は、社会教育関係団体の求めに応じ、これに対し、専門的技術的指導又は助言を与えることができる。」としている。この意味で、社会教育行政は援助の場合においても「求めに応じ」て行うことを本旨とするのである。

　奨励・援助の方法には、資料・教材の提供、施設提供と事業の開催、指導助言、補助金の交付などがある。資料・教材の提供は啓発的刊行物、事業案内、郷土史資料、16ミリ映画フイルム、映写機等の視聴覚機器、図書類、レクリエーション関係器材などの貸し出しや配布という方法で実施される。施設・事業には、公民館等の集会施設の団体利用、施設内のロビー・コーナー等の一般利用、学級・講座・教室・講習会等主催事業の開催がある。指導助言は、情報提供や相談業務が中心になる。

　補助金交付とは、関係団体等に対して一定の条件のもとに補助金を交付することであり、その場合には「あらかじめ、国にあつては文部科学大臣が審議会等……の、地方公共団体にあつては教育委員会が社会教育委員の会議の意見を聴いて行わなければならない。」（同法第13条）とされている。したがって、地方の場合には社会教育委員会が設置されていなければそれは交付できないことになるが、それ以外の地方でも家庭教育学級をPTAなどの団体に委託する例のように、事業委託の形式によって団体育成を図っていることも少なくない。

（3）社会教育行政に見られる規制作用

　しかしながら、サポート・バット・ノーコントロールを原則とする社会教育行政といえども、住民の活動などに対して一定の規制を加えることがある。たとえば、公民館等の社会教育施設においては、政治的、宗教的中立性確保の観点から特定政党の利害に関する事業や特定の教派を

支持することが、また公共施設であることから営利目的の事業を実施しまたは援助することがそれぞれ禁止されている。またこれら活動を行う団体等に対する支援も禁じられている（同法第 23 条）。

　もしもこれら事業等を行った場合には、教育委員会がその事業・行為の停止を命じることができ、なおこの命令に違反したときには 1 年以下の懲役若しくは禁錮（令和 4 年 6 月 17 日から 3 年以内に政令で定める日からは、拘禁刑）または 3 万円以下の罰金に処するという規定がある（同法第 40 条・第 41 条）。このことから、実際には、施設を自主活動に提供する際にもこれら禁止事項を利用者に課しているケースが多い。その他文化財保護に関しては規制作用が強く機能し、文化財保護法第 30 条は「文化庁長官は、重要文化財の所有者に対し、重要文化財の管理に関し必要な指示をすることができる。」として、文化財の管理、修理、現状変更、所有の移転などに関して細かく制約を加えている。

　文化財が代替不可能な貴重な国民の財産であり、もはやその保護は単に私事として処理できないものだからである。ただ、これら規制作用は社会教育にあっては例外的な措置だと言ってよいだろう。

（4）団体に対する補助金交付と憲法第 89 条

　かつて社会教育関係団体への補助金交付は、公の支配に属さない慈善、教育若しくは博愛の事業に対して、公金を支出すること等を禁止する憲法第 89 条の規定に抵触するかどうかが問われた。

　しかし、憲法でいう「教育の事業」とは、「教育される者についてその精神的又は肉体的な育成を図るべき目標があり、教育する者が教育されるものを教え導いて計画的にその目標の達成を図る事業」のことであるから、社会教育のように、「もともと人を教える行為が介在せず、したがってまた教育する者及び教育される者が存在しない事業はむろんのこと、人を教える行為が介在していても、単に知識を豊富にしたり、その関心をたかめたりすることを目的とするだけの事業であつて、教育される者について、その精神的又は肉体的な育成を図るべき目的があつて計画的にその達成を図るのでないものは、教育の事業には該当しないものと解される。」とする判断が国によって示された（昭和 32 年、文部省社会教育局長あて法制局第一部長回答）。

　この判断のもとに、当時の文部省社会教育局長は社会教育関係団体に対する公金による補助が憲法第 89 条に抵触するものではないとし、以

下の通達を示した。

「教育の事業とは人の精神的又は肉体的な育成をめざして教育する者が教育される者を教え導いて計画的に目標の達成を図る事業であると解されているが社会教育関係団体の行う事業は、かかる教育の事業のみに限られず、広くスポーツ、芸術、文化その他の領域にもわたるものであって、社会教育関係団体の行うこれらの教育の事業以外の事業については、これに対して国及び地方公共団体が補助金を支出することは、何ら憲法第89条の禁止するところではないと考えられる。」(昭和34年、各都道府県教育委員会あて文部省社会教育局長通達)。

むろん、教育委員会以外の行政部局における生涯学習関連事業に関しても社会教育行政の性格に準じて考えられるべきであろう。

第2節 社会教育行政の役割と組織

1 社会教育行政の役割

戦後、教育行政の地方分権化によって、学校教育と共に社会教育に関する行政は首長部局から独立した行政委員会である教育委員会の所管(担当)に移された。その役割はすでに述べたように国民(住民)の学習活動を奨励するための環境醸成にある。しかし、地方公共団体に対する助成や施設・資格等の全国的基準などに関しては国の事務として残されている。社会教育法は、国と都道府県、市(区)町村の具体的な任務についてそれぞれ定めている。

(1) 国の役割
国の役割は地方公共団体に対する援助が基本となる。社会教育法第4条は、「国は、この法律及び他の法令の定めるところにより、地方公共団体に対し、予算の範囲内において、財政的援助並びに物資の提供及びそのあつせんを行う。」としている。

その事務はもっぱら文部科学省が所管している。文部科学省設置法(第4条32〜39号、42号)は社会教育に関する所轄事務として、次の項目をあげている。

- 社会教育の振興に関する企画及び立案並びに援助及び助言に関すること。
- 社会教育のための補助に関すること。
- 青少年教育に関する施設において行う青少年の団体宿泊訓練に関すること。
- 通信教育及び視聴覚教育に関すること。
- 外国人に対する日本語教育に関すること（外交政策に係るものを除く。）。
- 家庭教育の支援に関すること。
- 公立及び私立の文教施設並びに地方独立行政法人が設置する文教施設の整備に関する指導及び助言に関すること。
- 公立の文教施設の整備のための補助に関すること。
- 青少年の健全な育成の推進に関すること（内閣府の所掌に属するものを除く。）。

さらに生涯学習に関しては以下の事項がある（第4条2号）。

- 生涯学習に係る機会の整備の推進に関すること。

　要するに、国の役割は、地方公共団体や全国規模の社会教育関係団体に対する国庫補助や援助・指導助言、社会教育施設の設置・運営の基準の制定、国立社会教育施設（国立青少年交流の家、国立青少年自然の家、国立女性教育会館など）の設置・管理、社会教育職員研修の実施（社会教育主事講習を含む）、そして生涯学習の振興に関することなどにあると言える。
　ふつう国は、国立施設利用者に対する場合を除いて、直接学習者を対象にした指導や援助を行うことはなく、専ら地方公共団体を対象にした事務を行う。学習関係事業は関係者等の研修等に限られている。教育水準の確保と教育の機会均等の保障を実現するために、全国的基準の制定や地方に対する補助などを通して、地域間における教育の質的並びに量的な格差を是正していくことがその主要な責務だからである。そのほか、全国規模の社会教育や生涯学習に関する調査を実施している。
　なお、国立社会教育施設は独立行政法人によって運営されるようになった。

（2）都道府県の役割
　都道府県は国と市区町村との中間に位置し、市区町村が行う事務を広域的規模で実施するとともに、固有の事務を行うものとされている。社会教

育法第6条では都道府県固有の事務として以下の5項目を指摘している。

- 公民館及び図書館の設置及び管理に関し、必要な指導及び調査を行うこと。
- 社会教育を行う者の研修に必要な施設の設置及び運営、講習会の開催、資料の配布等に関すること。
- 社会教育施設の設置及び運営に必要な物資の提供及びそのあっせんに関すること。
- 市町村の教育委員会との連絡に関すること。
- その他法令によりその職務権限に属する事項

　このように都道府県は、対住民事業を実施するだけでなく、市区町村に対して指導・調査を実施し、必要な援助を与えることを任務とする。どちらかと言えば、その後者の役割の方が重視され、当該地方における市区町村間の格差是正と連絡調整を図ることが重要な任務となる。しかし、都道府県においても住民対象事業を実施するのは、市区町村が当該地域の関係者に対象を限定する傾向があるため、その制約を超えて広域的に学習機会を住民に提供できるからである。

（3）市（区）町村の役割

　市区町村は地域住民にとって最も身近な存在であり、地域主義を標榜する社会教育にとっては基本的な学習の場として位置づけられる。したがって、市区町村は具体的な学習者である地域住民を想定し、細かな事業を展開し、学習を援助していくことが主な任務となる。

　社会教育法第5条は、市（区）町村教育委員会が「予算の範囲内において」行う事務として、19にわたる項目を列挙しているので、いくつかを例示しておこう。

- 一　社会教育に必要な援助を行うこと。
- 二　社会教育委員の委嘱に関すること。
- 三　公民館の設置及び管理に関すること。
- 四　所管に属する図書館、博物館、青年の家その他の社会教育施設の設置及び管理に関すること。
- 五　所管に属する学校の行う社会教育のための講座の開設及びその奨励に関すること。

六　講座の開設及び討論会、講習会、講演会、展示会その他の集会の開催
　　並びにこれらの奨励に関すること。
七　家庭教育に関する学習の機会を提供するための講座の開設及び集会の
　　開催並びに家庭教育に関する情報の提供並びにこれらの奨励に関するこ
　　と。

〜〜〜

十九　その他第３条第１項の任務を達成するために必要な事務

また、以下の条文が平成 29 年の法改正によって加えられた。

。　第９条の７　教育委員会は、地域学校協働活動の円滑かつ効果的な実
　　施を図るため、社会的信望があり、かつ、地域学校協働活動の推進に
　　熱意と識見を有する者のうちから、地域学校協働活動推進員を委嘱す
　　ることができる。
。２　地域学校協働活動推進員は、地域学校協働活動に関する事項につき、
　　教育委員会の施策に協力して、地域住民等と学校との間の情報の共有
　　を図るとともに、地域学校協働活動を行う地域住民等に対する助言そ
　　の他の援助を行う。

　一般的に市区町村教育委員会は当該地方公共団体に居住、在勤・在学
する人を対象にしてそれら事務を行い、これらの人々の学習活動を直接
的に援助するわけである。
　具体的には、学級・講座等を実施して一般住民のための学習の機会を
設け、自主的な学習団体に対しては公民館等の施設を貸し出して学習の
場を提供している。同法第 21 条で、公民館を市（区）町村が設置する
こととしているのは、まさに地域住民のための基盤ともいうべき学習の
場としてそれを位置づけているからである。さらに昨今は、教育委員会
事務局や施設にコーナーなどを開設し、学習情報の提供や学習相談事業
に取り組むところも少なくない。
　ともあれ、市区町村は社会教育にとって最も重要な役割を果たす位置
にあり、その条件整備を積極的に展開していくことが望まれる。しかし、
それら事務は「予算の範囲内において」行うとされているように、市区
町村に義務として課せられているわけではないために、現実的には市区
町村間にその整備状況の格差が見られる。この格差を埋めるためにも国

および都道府県に期待される役割は大きい。

　最近、地域学校協働活動の推進も教育委員会の役割に位置づけられた（同法第5条・第6条）。

2　社会教育行政組織の形態

　国の社会教育行政の組織としては、文部科学省総合教育政策局が中心的存在になる。総合教育政策局は、従来の社会教育局の改組によって新たに設置された生涯学習局を母体として、その後生涯学習政策局を経て平成30（2018）年に誕生した。現在、政策課、社会教育振興統括官、教育改革・国際課、調査企画課、教育人材政策課、生涯学習推進課、地域学習推進課、男女共同参画共生社会学習・安全課からなる。

　そのほか、体育局がスポーツ庁に改組され、生涯スポーツなどを担当している。また、文化庁は文化の普及、文化財の保護に関して社会教育に関係している。

　地方の社会教育行政の組織には教育委員会、教育長、教育委員会事務局の一部局として位置づけられている社会教育関係部局がある。一般的に、教育委員会は学校教育を所管する部局と社会教育・生涯学習を所管する部局とに分かれる。社会教育・生涯学習関係部局には、通常、生涯学習課、スポーツ課、文化（財）課などが設置されている。これらは直接住民を対象にした学級・講座等の学習事業も実施する。

　そのほか、管理・庶務部門を担当する課（総務課、庶務課、管理課など）が独立している例や社会教育主事を配置した指導担当組織が置かれる場合も見られる。

　次頁の図8-1はある県の事務局の組織図である。県は組織内に「教育振興部」を置き、ここに生涯学習課を設置している。教育委員会の中には、生涯学習所管部局を地域関係事項と一括して「地域教育支援」（東京都など）とする例や学校教育と一括して「教育振興」（千葉県など）とする例など、「生涯学習」以外の名称を用いる例が現れてきている。

3　教育委員会事務局と施設の関係

　地方教育行政の組織及び運営に関する法律は、第30条で「地方公共団体は、法律で定めるところにより、学校、図書館、博物館、公民館そ

▪ 図8-1　ある県の教育委員会組織図（一部略してある）

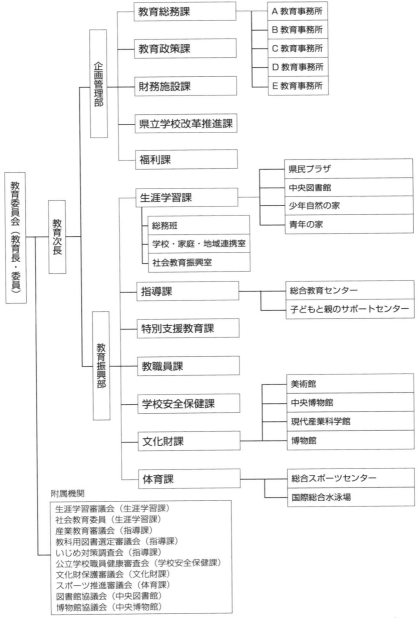

の他の教育機関を設置する」ことができるとしている。社会教育施設が学校と並ぶ教育機関として扱われる法的根拠がここにある。また、社会教育法では第3条で国および地方公共団体の任務として「社会教育の奨励に必要な施設の設置及び運営」について規定し、さらに第5条で市区町村教育委員会の事務の一つに公民館・図書館・博物館、青年の家などの社会教育施設の設置と管理を記している。

　社会教育施設は学校と同様に教育機関だとされつつも、現実には行政組織内に位置づけられている。

　学校が事務局から十分な距離を置いて自律的に運営されているのに対して、社会教育施設は条例等によってある程度独立した決裁権限を与えられている場合もあるが、学校ほど行政から完全に分離されておらず、行政組織との一体性を保っている。それでは、なぜ社会教育施設は行政組織として位置づけられるのであろうか。

　第一に、社会教育施設は学校ほどに強く教育機関だと認識されていないからである。たとえば、公民館等の施設は学習事業の提供を行うとともに、住民の集会や自主的な学習の場としてその施設を提供している。学校が学校開放の一環として施設を提供する場合は、児童生徒の教育に支障がないと認められたときであり、いわば副次的な扱いとされているが、社会教育施設では、学習サークルに対する施設利用の提供も主要な機能の一つに数えられている。その意味で、社会教育施設を貸し施設と捉える傾向も見られ、教育機関とする認識が弱くなるからである。

　次に、施設には教員に匹敵する専門職員が置かれていないことがあげられる。社会教育主事は施設に配置されるケースも見られるが、原則的には教育委員会事務局に置かれる職員である。公民館に置かれる公民館主事は専門性を期待されつつも、法的には専門職として位置づけられず、資格要件も定められていない。したがって、職員の専門性を根拠とする教育機関の自律性の根拠づけが乏しくなる。

　実際に、施設職員の多くは他の行政部局の人事異動の一環として他行政から配属されただけであり、何ら他の部局に配された職員と変わるところはない。学校には教員のみならず、事務職員についても県費負担職員制度が適用されるなど一般行政とは異なる独自の人事制度が見られるが、社会教育施設については他の公共施設と同様に扱われている。

　そして、第三に、社会教育施設だけで学習事業を完結できない事実がある。専門職員の未配置問題とも関係するが、社会教育施設で講座等を

実施するときには、職員は学習内容等の大まかな計画を決定するに止まり、通常、講師・指導者等の外部の専門家にその都度謝礼を支払って依頼し、その具体的な内容や方法を指導者に相当部分委ねなければならない。施設職員だけでは事業がすべてまかなえないところに学校との相違が指摘できるわけである。

このようなことから、社会教育施設は自律的な教育機関として捉えられず、行政と一定の距離を保ちつつも一体化する傾向にある。また、社会教育行政自体（教育委員会生涯学習課など）が直接住民を対象にした学習事業を実施していることから、施設の機能が行政とは差別化しにくくなっていると思われる。

第3節　社会教育関係団体と社会教育行政

1　社会教育関係団体とは何か

社会教育行政は、市民の自主的な学習団体に対して助成作用の一環として一定の支援を行っている。この市民の自主的な学習団体は、第5章でも触れている自主サークルのことであり、社会教育施設を活用する場合には社会教育関係団体として扱われることが多い。

社会教育法は、社会教育関係団体に関して以下のように定義している。

（社会教育関係団体の定義）
第10条　この法律で「社会教育関係団体」とは、法人であると否とを問わず、公の支配に属しない団体で社会教育に関する事業を行うことを主たる目的とするものをいう。

この条文を見ると、社会教育関係団体は、①法人であっても、法人でなくてもよいこと、②公の支配に属しないこと、③社会教育事業を主な目的とすることなどの要件を備えた団体だとされている。

社会教育関係団体には自主サークルのほか、連合会などの連合組織や協議会などの調整組織も含まれる。たとえば、子ども会連合会や女性団体協議会、文化協会なども社会教育関係団体連合として扱われている。

自主サークルは一般的に法人に位置づかないが、大規模な広域団体には法人となっている例もあり、いずれも社会教育関係団体の①の要件を備えていることになる。また、②の「公の支配に属さない」とは、行政から独立して運営されるものであることを意味するので、いわゆる外郭団体はその要件から外れることになる。そして、③の社会教育事業を主目的とすることとは、社会教育に関する事業を行うが他の目的を主とする団体の場合を除外することを意味する。たとえば、宗教団体や政治団体などは社会教育関係団体として扱われないことになる。

ただし、近年、NPO（非営利団体）を社会教育関係団体と同等に扱う例も見られるが、小規模な例はともかく、大規模な収益事業を行うNPOを社会教育関係団体に準じて扱うことへの疑問の声もある。

2　社会教育関係団体と行政との関係

社会教育関係団体は行政から独立した組織とされるが、それとの一定の関係を有している。

まず、文部科学大臣や教育委員会は、「社会教育関係団体の求めに応じ」て、「専門的技術的指導又は助言」や「社会教育に関する事業に必要な物資の確保につき援助」を行うことができる。さらに、補助金の交付も一定の条件のもとで行うこともできるとされる。補助金交付を行う場合には、国にあっては審議会等の意見を聴き、地方にあっては社会教育委員の会議の意見を聴くことを前提とする。このことは第1節ですでに述べたところである。

そして、行政は社会教育関係団体に対して指導資料の作製および調査研究のために必要な報告を求めることができるが、不当な統制的支配や干渉が禁じられている。戦前の社会教育が行政による支配と干渉を受けていたことへの反省から、戦後、行政によるそれら行為が厳しく禁じられることになったのである。

社会教育行政は支援や援助を介して社会教育関係団体との関係をもっているが、実際、社会教育関係団体を登録させたり、届け出させたりして、その位置づけの明確化を図っている。多くの場合、自主サークル等は教育委員会や社会教育施設に、団体規約や名簿などの必要書類を提出することによって「社会教育関係団体」として扱われることになる。その場合、「市内在住・在勤者が半数以上の団体」などのように、サーク

ルメンバーのうち当該市町村・都道府県の在住または在勤者の割合を定めている例が多い。

3 社会教育関係団体の利点

　教育委員会によって社会教育関係団体として扱われると、一定の優遇措置がとられることが多い。優遇措置の態様は教育委員会によって大きく異なるが、以下のような事項に整理できる。
　　。公民館等の社会教育施設の優先申し込み
　　。公民館等の社会教育施設使用料の減免措置
　　。補助金の交付
　社会教育施設の優先申し込みとは、一般団体の申し込み開始時期に先んじて社会教育関係団体が利用申し込みをできるような扱いである。たとえば、一般団体の利用申し込み開始日が利用日の1か月前だとすると、社会教育関係団体のその開始日を2か月前に設定するのである。これによって、社会教育関係団体は他の団体よりも施設が利用しやすくなるわけである。
　施設使用料の減免措置は、社会教育関係団体の利用に際して、使用料を免除したり、割り引くような取り扱いのことである。たとえば、社会教育関係団体以外の団体（未登録団体や社会教育目的以外の団体、企業など）に対しては使用料を全額徴収するが、社会教育関係団体については無料ないしは半額にするのである。有料化された社会教育施設の多くで、社会教育関係団体の活動を支援する観点から減免措置がとられている。
　なお、補助金交付についてはすでに述べたとおりである。
　このほか、優遇措置とは言えないが、次のような取り扱いがなされるケースが少なくない。まず、公民館まつりなどへの参画である。通常、公民館には社会教育関係団体からなる公民館利用サークル協議会などの組織がつくられ、この組織が公民館まつりの企画・運営などに強く関わっている。また、研修会への参加が要請されることもある。営利活動や宗教・政治的活動を禁じたり、他団体との協力関係を築くよう促したりするために、教育委員会は社会教育関係団体の代表者等に研修会の参加を求める例が珍しくない。研修会は社会教育関係団体の登録・届出の更新時期に合わせて、年1回程度開催される。
　さて、社会教育関係団体、特に自主サークルは、市民の自主的な学習

活動を最重視した戦後社会教育の原点とも言うべき存在である。したがって、社会教育行政は、社会教育関係団体等に対する助成作用の方法を工夫・改善することが今後も強く期待されるところである。

第4節　生涯学習推進体制

1　生涯学習審議会

　かつて多くの地方自治体では生涯学習を推進するための全庁的な組織が作られ、生涯学習関連行政の連絡調整を図る生涯学習推進体制が整えられていた。現在、生涯学習推進体制は目立った動きを見せなくなったが、生涯学習審議会（生涯学習推進会議などを含む）、生涯学習振興基本構想・計画、生涯学習市町村宣言などに関する施策を行う地方は少なくない。

　国の生涯学習審議会は従来の社会教育審議会に代わって、平成2（1990）年に文部省内に設置され、平成4（1992）年に初の答申を提出して以来、すでにいくつかの答申や報告を公にしていた。その後、平成13年に、中央教育審議会に吸収され、中央教育審議会生涯学習分科会に改められた。都道府県の生涯学習審議会は法的に任意設置とされているが、生涯学習に関する施策を総合的に推進していくための重要事項について調査審議する機関として設置する地方公共団体の数も少なくない。平成30年度現在、全国に33都道府県（うち7県は休止中）、2指定都市に設置されている。ちなみに、市町村の審議会に関しては特に法的規定はない。

　現在、各地の都道府県審議会においても答申・報告等の活動が活発に行われ、これに基づいて推進計画や基本構想が策定されている。なお、未設置の所では、社会教育委員の会議が審議会を代替している。

2　生涯学習振興基本構想・計画

　地方公共団体において生涯学習を推進するための施策の基本となるべき生涯学習振興計画は、今や都道府県のみならず多くの市区町村で策定されている。一般的には学識経験者等の専門家や関係機関代表者など行

政外部の委員を含めた審議会・協議会等が提出する答申・報告等に基づいて基本構想が立てられ、これを具現化していくために行政が長期的展望に立った長期計画（ふつう計画期間を10年位としているところが多い）を策定し、この計画下に課題別個別計画や中期計画（5年ないしは3年計画）実施計画を立案して、具体的な施策が実施されるという手順をとる（第6章参照）。この意味で、振興計画はあらゆる生涯学習推進施策の基本として位置づけられる重要な取り組みの一つだと言える。

3　生涯学習宣言市町村

　一般的に地方公共団体は当該地域の住民に対して重要施策をアピールし、その啓発を図ることを目的として、各種の宣言などを実施している。たとえば、平和都市宣言、交通安全宣言、健康都市宣言などがある。生涯学習宣言もこの種の宣言の一種にあたる。

　生涯学習宣言によって、住民の生涯学習に対する意識、関心を高めるとともに、行政もそれへの取り組み姿勢を公式な形で対外的に示そうとするわけである。特に、「まちづくり」と連動して実施されるのが通例である。

　文部科学省の調査によれば、平成30（2018）年5月現在、全国の84市町村が生涯学習宣言を行っている[*4]。このうち最も早く宣言したところは、昭和54（1979）年の静岡県掛川市と岩手県金ケ崎町である。以来、毎年全国いずれかの市町村で宣言が行われてきているが、その多くは地方の小規模団体である。生涯学習宣言が非都市部の小規模市町村の「まちづくり」、言い換えれば「村おこし」の一環として実施されていることがわかる。

　宣言文の内容を見ると、市町村の施策方針を表明するタイプと住民に対して生涯学習を呼び掛けるタイプの2通りに分けられる。以下に例示した二つの宣言文のうち水戸市の例は前者のタイプに属し、金ケ崎町の例は後者のタイプに相当する。後者のタイプについては、本来自主的、自発的に行われるべき生涯学習を行政が住民に強要しかねないなどの問題点が指摘できる。

●水戸市（茨城県）「生涯学習都市宣言」文
　歴史と伝統に育まれ、豊かな水と緑に恵まれた、美しいまち「水戸」
わたしたちは、この美しい郷土を愛し、これからの時代を正しく力強く生

きるために、進取の意気を受け継ぎ、こどもからおとなまでの誰もが、み
ずから学び、豊かな心を養い、新しい市民意識の向上につとめます。

わたしたちは、この郷土を守り育てるために、みんなで学び合い、その成
果を家庭・学校・地域にいかし、お互いに支え合い、活力と魅力にあふれ
た香り高い文化のまちづくりをめざします。

ここに、輝く21世紀を確信し、市制施行110周年にあたり、水戸市を「生
涯学習都市」とすることを宣言します。

平成11年11月11日　水戸市

●金ケ崎町（岩手県）「生涯学習の町宣言文」

わたしたちは、「人間らしい生活のあり方」を文化ととらえ、その実現を
生涯教育に求め、いまよりも

　　○よい人間になりたい

　　○豊かな生活をしたい

　　○住みよい町にしたい

このような願いをかなえるために、「いつでも」「どこでも」「だれでも」

　　○ひとり　いち学習

　　○ひとり　いち活動

　　○ひとり　いちスポーツ

　　○ひとり　いち工夫

　　○ひとり　いち奉仕

に努めましょう。

ここに全町民ともに金ケ崎町を「生涯教育の町」とすることを宣言する。

昭和54年6月25日　　金ケ崎町

第5節　生涯学習関連行政の改革

中教審答申「人口減少時代の新しい地域づくりに向けた社会教育の振
興方策について」（平成30年12月）は、社会教育行政の在り方に関して、
「一般に、社会教育行政担当部局のみで完結しがちな「社会教育」の壁
を打ち破り、多様な主体との連携・協働を実現することが重要である」
とする。その理由として、「社会教育は学校教育以外の組織的な教育活
動全般を指すものであり、教育委員会やいわゆる社会教育関係団体だけ

でなく、首長部局や NPO、大学や専門学校、民間事業者等もその担い手として期待される」からだと言う。

　この答申以前の「新しい時代の義務教育を創造する」(平成17年10月)の「第3章地方・学校の主体性と創意工夫で教育の質を高める」でも、「今後、地域づくりの総合的な推進をはじめ、他の行政分野との連携の必要性、さらには政治的中立性の確保の必要性等を勘案しつつ、首長と教育委員会との権限分担をできるだけ弾力化していくことが適当である」と述べていた。

　その背景には、すでに生涯学習推進体制を首長部局で担当している実例が珍しくなく、また行政効率を高めようとする考えがある。その場合でも、中教審答申は社会教育行政の政治的中立性を堅持すべきだとしたことから、社会教育行政の独自性を認めたことになる（第12章参照）。

　実際、「生涯学習・社会教育担当部課」を教育委員会に置かずに、首長部局のみに設置する地方公共団体は市町村に多く見られ、平成30 (2018)年現在、55団体（全市町村の3.3%）になる。[*5]

【註】
*1　今村武俊『新訂 社会教育行政入門』第一法規出版、昭和50年、p.16。
*2　東京都教育庁生涯学習部『生涯学習に対応する社会教育行政の役割──平成5年度生涯学習基礎研究報告書（東京都教育庁、平成6年）所収の木全力夫による論稿。
*3、4　生涯学習政策局『平成30年度生涯学習・社会教育振興施策に関する基礎資料』文部科学省、平成30年5月。
*5　第3期教育振興基本計画(平成30(2018)年6月15日閣議決定)は、「目標 (10)人生100年時代を見据えた生涯学習の推進」の中で、「生涯を通じた学習の成果の適切な評価・活用のための環境整備」を取り上げて、「・学習の成果を測る検定試験について、質の向上と社会的活用の促進に向け、検定試験の自己評価や第三者評価の普及・定着を図るなど、学習成果の活用に資する取組を進める」ことを盛り込んだ。

【その他参考文献】
◦国立教育会館社会教育研修所編『生涯学習の構想と実践──生涯学習宣言市町村の活動事例集』日常出版、平成5年。
◦元木健・小川剛編『生涯学習と社会教育の革新（生涯学習実践講座5）』亜紀書房、平成3年。
◦岡本包治『生涯学習審議会・推進組織の役割──連絡・協議（現代生涯学習全集2）』ぎょうせい、平成5年。
◦佐々木正治編『生涯学習社会の構築』福村出版、平成19年。
◦鈴木眞理・津田英二編『生涯学習の支援論（シリーズ生涯学習社会における社会教育5）』学文社、平成15年。
◦手打明敏・上田孝典編『社会教育・生涯学習』ミネルヴァ書房、令和元年。
◦田中雅文・中村香編『社会教育経営のフロンティア』玉川大学出版部、令和元年。
◦佐藤晴雄・佐々木英和『社会教育経営実践論』放送大学教育振興会、令和4年。

第9章　生涯学習と社会教育職員

　生涯学習に係る職員には、社会教育主事、公民館長、公民館の主事、図書館司書、博物館学芸員、社会教育委員、社会教育指導員などの社会教育固有の職員がいる。このほかにも、一般事務職員も生涯学習を担当しているが、法制度上、彼らは社会教育固有の職員（以下、社会教育職員）とされてはいない。また、地方公共団体によっては、生涯学習主査や生涯学習専門員などの職名をもつ職員が配置されていることもあるが、これらは法律上の位置づけをもたない、地方独自の職員制度によるものである。

　そこで、本章では、生涯学習推進に中心的に関わる社会教育職員の制度と役割を明らかにしておくこととする。

第1節　社会教育主事

1　社会教育職員・指導者の種類

　生涯学習に固有の職員制度はなく、地方によっては生涯学習専門員などを独自に設置する例が見られる程度である。生涯学習に関わる仕事は、教育委員会においては社会教育の専門職員が専門的立場から担うほか、一般事務職員によって進められている。むろん、社会教育の場合には個有の職員制度が確立されている。

　以下、社会教育職員制度について見ていくことにしよう。

　社会教育職員には、一般職員とは異なる一定の指導性や専門性を要する職種が多く見られる。教育委員会事務局に置かれる専門職員である社会教育主事は行政職の身分をもちながら指導・助言を行うことを職務としている。非常勤身分の社会教育委員や社会教育指導員も同様に指導・

助言を任務とする。また、図書館司書、司書補、博物館学芸員などは独自の専門的役割を果たす専門職員である。公民館の館長並びに主事あるいは青年の家等の指導系職員は法的に専門職員と位置づけられていないが、専門的ないしは指導的役割が期待されている。

　これら職員は指導系職員と非指導系職員に分けられ、またそれぞれ法で言う専門職と非専門職にも分類できる（図9-1）。

▪図9-1　社会教育関係職員・指導者の種類

	指導系職員	非指導系職員
専門職員	社会教育主事	図書館司書 図書館司書補 博物館学芸員
非専門職員	社会教育主事補 青年の家等指導職員 社会教育委員 社会教育指導員 体育指導員	公民館長 公民館の主事 博物館学芸員補

　従来からこれらは、地方公共団体において地域住民の学習活動を各々の専門的な職務を通じて支え、奨励してきた社会教育固有の職員であり、今日、生涯学習推進に果たす役割にも強い期待が寄せられている。中教審答申「人口減少時代の新しい地域づくりに向けた社会教育の振興方策について」（平成30年12月）は、社会教育主事は、社会教育行政の中核として学習活動を援助しているが、「今後は、更に『学びのオーガナイザー』としての中心的な役割を担っていくことが求められ、社会教育行政のみならず、地域における多様な主体の地域課題解決の取組においても、コーディネート能力やファシリテート能力等を発揮し、取組全体をけん引する極めて重要な役割を担うことが期待される」と述べている。ようするに、社会教育行政の枠にとどまらず、多様な学習活動や地域活動にも関わることが求められると言うのである。

　以下、社会教育関係職員のうち主なものを取り上げて、その制度や役割について述べることとする。

▪ 表 9-1　社会教育関係の指導系職員の推移（平成 30 年度現在）

施設等区分	教育委員会		公民館（類似施設含）	図書館		博物館		博物館類似施設	
指導者等区分	社会教育主事	社会教育主事補	公民館主事（指導系職員）	司書	司書補	学芸員	学芸員補	学芸員	学芸員補
平成 5 年度	6.766	555	19,374	7,529	429	2,338	460	1,373	142
平成 8 年度	6,796	563	19,470	8,602	443	2,811	492	1,778	188
平成 11 年度	6,035	464	18,927	9,783	425	3,094	447	2,234	208
平成 14 年度	5,383	371	18,591	10,977	387	3,393	454	2,243	261
平成 17 年度	4,119	242	17,805	12,781	442	3,827	469	2,397	223
平成 20 年度	3,004	153	15,420	14,596	385	3,990	624	2,796	351
平成 23 年度	2,518	140	14,454	16,923	459	4,396	658	2,897	303
平成 27 年度	2,048	141	13,275	19,015	150	1,738	725	3,083	285
平成 30 年度	1,681	157	12,306	20,132	438	5,035	670	3,371	322
令和 3 年度	1,451	178	11,795	21,523	535	5,357	709	3,684	336

（注）社会教育主事には、派遣社会教育主事（都道府県がその事務局の職員を社会教育主事として、市町村に派遣している職員－実数－）・兼任、非常勤が含まれる。
［資料］文部科学省「令和 3 年度社会教育調査（中間報告）」令和 4（2022）年 7 月のデータより作成。

2　社会教育主事制度

　社会教育主事は社会教育法によって都道府県および市町村の教育委員会事務局に必置とされ、教育公務員特例法（以下、教特法）において指導主事と並ぶ「専門的教育職員」に位置づけられる社会教育の専門職員である。社会教育法は社会教育主事補を置くことができるとしている。
　社会教育主事制度は戦前から見られたが、昭和 23（1948）年の教育委員会法施行令の中で新たな体制のもとで位置づけられた。昭和 34（1959）年には、社会教育法一部改正により、市町村にも必置制とされ、市および人口 3 万人以上の町村は昭和 34 年度中に設置し、人口規模に応じて昭和 37 年度中までに順次設置することを内容とする通達が出された。なお、人口 1 万人未満の小規模町村の場合には設置猶予とされていたが、すみやかに設置することにより未設置町村の解消が望まれた。その未設置市町村解消のための施策として昭和 49 年から派遣社会教育主事制度が実施されていたが、現在、その国庫補助事業は廃止された。令和 3（2021）年現在の市町村における社会教育主事の配置率は、40.4% である。[*1]

昭和 57（1982）年の社会教育法一部改正により、社会教育主事補は必置から任意設置に改められ、現在に至っている。

　もともと社会教育主事は教育委員会事務局に置くこととされていたが、公民館等の社会教育施設にも配置されるようになり、令和 3 年現在、全国に 1,443 人配置されている。また、事務局配置の場合には、ライン型とスタッフ型というおおむね二つの配置形態が見られる。施設を含めたこれらの配置形態を図示すると図 9-2 のようになる。

▪ 図 9-2　社会教育主事の配置形態例

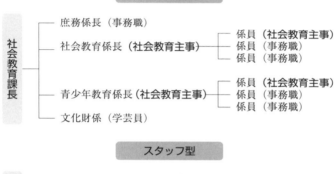

3　社会教育主事の職務

　社会教育主事・主事補の職務については、社会教育法は以下のように
定めている。

> （社会教育主事及び社会教育主事補の職務）
> 第9条の3　社会教育主事は、社会教育を行う者に専門的技術的な助言と
> 　指導を与える。ただし、命令及び監督をしてはならない。
> 2　社会教育主事は、学校が社会教育関係団体、地域住民その他の関係者の
> 　協力を得て教育活動を行う場合には、その求めに応じて、必要な助言を
> 　行うことができる。
> 3　社会教育主事補は、社会教育主事の職務を助ける。

　この「社会教育を行う者」をめぐる解釈には様々あり、社会教育関係
団体の指導者や民間の学習活動推進者に限定する論、これに個々の地域
住民や教育委員会の社会教育担当者や施設職員を含める解釈などが見ら
れるが、現実の社会教育主事は住民に対して個別の学習相談を担当し、
施設を含む社会教育職員に対する指導助言を行っている実態がある。
　いずれにしても社会教育主事の役割は曖昧なままであり、共通の合意
が得られているとは言えない。たとえば、これまでに、日高幸男はその
役割をプランナー、プロデューサー、プロモーター、そしてプログラマー
に求め、それぞれの英字の頭文字をとって4P論と称している。[*2]
　具体的な職務内容について、昭和46（1971）年の社会教育審議会答申
は以下の6項目を指摘している。

> ①住民や地域の自発的学習の助成
> ②住民と地域の教育・学習ニーズの把握
> ③集会の開催
> ④施設の配置・利用計画立案
> ⑤学習内容の編成
> ⑥指導者の発掘と活用

　職務の実態については、かなり古い調査であるが、筆者が平成5（1993）
年に首都圏1都3県の社会教育主事に実施した調査によれば、[*3]「学級・

講座の企画・運営」や「講師の選定や依頼」など学習事業に関する仕事は、「担当すべき」であり、かつ実際に行われていることがわかる。これに対して、「決裁文書」など事務的な仕事は「担当すべき」とは言えないにもかかわらず、実際には行われている傾向にある。

　都道府県の社会教育主事は、市民対象の学習事業に関わることが少ない代わりに、①全県的立場からの社会教育行政の推進、②市町村教育委員会に対しての助言・指導・研修等を行うことになる。

▪ 図9-3　社会教育主事の発令前の職種・職場

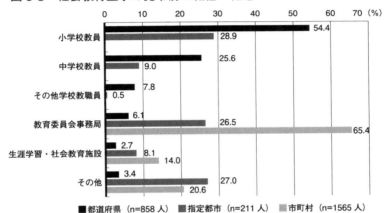

【出所】国立教育政策研究所社会教育実践研究センター『社会教育指導者に関する調査報告書』
　　　　平成26(2014)年のデータを元に筆者が作成。無回答を除してある。

　社会教育主事の発令直前の職種・職場を見ると、図9-3のようになる。都道府県配置の場合は「小学校教員」が54.4％と多く、次いで「中学校教員」の25.6％が続くように、義務教育の学校教員が約8割を占める。「その他学校教員」には高等学校や特別支援学校教員が該当するものと思われる。指定都市では学校教員が多いものの、「教育委員会事務局」の占める割合も26.5％と高い。市町村の場合は教員が見られず、「教育委員会事務局」が65.4％と多勢を占めている。「その他」は教育委員会以外の行政や公務員以外(企業や学卒等)を示すものと解されるが、指定都市と市町村に2割以上見られる。教員が都道府県や指定都市に多いのは教育委員会が任命権者になっているからである。

なお、社会教育主事補の職務は、社会教育主事の職務を助けることとされている。

　社会教育主事の資格要件は社会教育法において明記され、以下の項目の一つに該当することとされている。

　①大学に2年以上在学して62単位以上修得した者または高等専門学校卒業者で、3年以上、社会教育主事補あるいは文部科学大臣の指定する社会教育関係職の経験をもつ社会教育主事講習修了者

　②教員免許状取得者で、文部科学大臣の指定する教育職を5年以上経験した社会教育主事講習修了者

　③大学に2年以上在学した62単位以上の修得者で、大学で社会教育関係科目単位を修得し、1年以上社会教育主事補の職にあったもの

　④社会教育主事講習修了者で、社会教育に関する専門的教養と経験があると都道府県教育委員会が認定したもの

　この①の「社会教育関係職」とは、(a) 官公署、学校、社会教育施設又は社会教育関係団体における職で司書、学芸員その他の社会教育主事補の職と同等以上の職として文部科学大臣の指定するものにあった職員、(b) 官公署、学校、社会教育施設又は社会教育関係団体が実施する社会教育に関係のある事業における業務であって、社会教育主事として必要な知識又は技能の習得に資するものとして文部科学大臣が指定するものに従事した職員

　社会教育主事補は教特法でいう専門的教育職員に該当せず、その資格

▪ 表9-2　大学において修得すべき社会教育に関する科目単位

〈旧課程〉

科　目	単　位
生涯学習概論	4
社会教育計画	4
社会教育特講	12
社会教育演習 社会教育実習 社会教育課題研究	4 （選択必修）
計	24

〈新課程＝2020年度から〉

科　目	単　位
生涯学習概論	4
生涯学習支援論	4
社会教育経営論	4
社会教育特講	8
社会教育実習	1
社会教育演習 社会教育実習 社会教育課題研究	3 （選択必修）
計	24

についての法的要件はないが、社会教育主事に準じた人事上の扱いがなされている。

　現在、社会教育主事制度をめぐる課題には、設置基準の整備や人員の充実、専門性・職務内容の明確化、大学における養成制度の充実、身分・任用制度の確立などがある。なお、平成20年の社会教育法改正によって、社会教育主事は、学校が社会教育関係団体や地域住民等と連携した教育活動を行う場合には、学校の求めに応じて必要な助言を行うことができると定められた。

　また、令和2（2020）年度からは新課程で社会教育主事資格を習得した場合には「社会教育士」の称号を用いることができるようになった。旧課程の資格取得者は「社会教育経営論」及び「生涯学習支援論」の2科目8単位を取得すれは「社会教育士」と称することができる。「社会教育士」には、環境や福祉、まちづくりなど社会の多様な分野における学習支援を通じた人づくり・地域づくりに携わることが期待されている。

第2節　その他の職員・指導者

1　公民館の館長・主事

　社会教育法は、公民館には館長、主事その他必要な職員を置くことができるとしている。その職務について、館長は公民館の行う各種事業の企画実施その他必要な事務を行い、所属職員を監督するとされ、主事は館長の命を受け、公民館の事業の実施にあたると規定されている。

　社会教育法は、公民館長および主事の職務等に関して、以下のように定めている。

（公民館の職員）
第27条　公民館に館長を置き、主事その他必要な職員を置くことができる。
2　館長は、公民館の行う各種の事業の企画実施その他必要な事務を行い、所属職員を監督する。
3　主事は、館長の命を受け、公民館の事業の実施にあたる。

館長および主事は、いずれも教育長の推薦に基づいて当該市町村教育委員会によって任命されるが、法律上その資格要件が明記されていない。「公民館の設置及び運営に関する基準」は、「公民館の館長及び主事には、社会教育に関する識見と経験を有し、かつ公民館の事業に関する専門的な知識及び技術を有する者をもって充てるよう努めるものとする。」と記しているだけである。

　なお、これまで、公民館長の任命に際して、事前に公民館運営審議会の意見を聴くことが社会教育法第 28 条の 2 によって義務づけられていたが、生涯学習審議会答申「社会の変化に対応した今後の社会教育行政の在り方について」（平成 10 年 9 月）は、この廃止を提言した。規制緩和を背景に、同審議会が必置制でなくなったためである。また、「公民館の設置及び運営に関する基準」では専任の公民館長と主事を置くこととされていたが、同答申はこの専任制の廃止も求めた。その結果、平成 15 年 6 月 6 日に全面改定された前出の「公民館の設置及び運営に関する基準」では、「専任」の文字が外されたのである。

2　図書館司書・司書補

　図書館法では、図書館に置かれる専門的職員を司書および司書補と称することとしている。そして、同法第 13 条において、公立図書館に館長と並んで設置者である教育委員会が必要と認めた専門的職員、事務職員、技術職員を置くと定められている。

　従来、国から補助金を受けて設置される公立図書館にあっては、司書の有資格者が館長であることを条件づけられていたが、図書館法第 13 条第 3 項（当時）の改正によって、司書資格要件が廃止された。この部分の改正は、前出の生涯学習審議会答申（平成 10 年）の中で、「司書の資格は有していないが識見、能力から図書館長にふさわしいと言える人材を登用する場合」や「法律に基づく一定の基準を設け、それに適合しなければ補助対象とすることができないとする制度は今日必ずしも適当とは言えない」とする考え方から館長の司書資格要件を廃止するよう提言したことによる。

　ともあれ、図書館法は、司書および司書補の職務等に関して、以下のように定めている。

（司書及び司書補）

第4条　図書館に置かれる専門的職員を司書及び司書補と称する。

2　司書は、図書館の専門的事務に従事する。

3　司書補は、司書の職務を助ける。

このように、司書は図書館の専門的事務に従事し、司書補は司書の職務を助けることを職務とする。司書の専門的事務には、図書・記録・資料の収集と提供、図書資料の分類と目録作成、レファレンス（参考業務）、集会等の開催がある。

　司書の場合、その専門性確保のために資格要件が定められている。その要件とは、①大学・高等専門学校の卒業者で司書講習を修了したもの、②大学において図書館に関する科目を履修した大卒者、③司書補を3年以上経験し、司書講習を修了したもの、のうちいずれかに該当することである。司書補の資格要件は、①司書の資格を有するもの、②高校もしくは中等教育学校卒業者あるいは高等専門学校第3学年修了者もしくは通常の課程による12年の学校教育を修了した者、文部科学大臣がこれらと同等以上の学力があると認めた者で司書補の講習を修了したもののうちいずれかに該当することである。

▪ 表9-3　司書講習科目一覧

必修科目

科目名（甲群）	単位数
生涯学習概論	2
図書館概論	2
図書館情報技術論	2
図書館制度・経営論	2
図書館サービス概論	2
情報サービス論	2
児童サービス論	2
情報サービス演習	2
図書館情報資源概論	2
情報資源組織論	2
情報資源組織演習	2
必修科目	22 単位

選択科目

科目名（乙群）	単位数	
図書館基礎特論	1	これらのうちから2科目（2科目）を修得 2単位
図書館サービス特論	1	
図書館情報資源特論	1	
図書・図書館史	1	
図書館施設論	1	
図書館総合演習	1	
図書館実習	1	

〈合計　24 単位〉

3　博物館学芸員・学芸員補

　博物館には館長や学芸員などの職員が置かれる。館長は専門職に位置づけられていないが、学芸員は法的に専門職とされる。また、その職務を助ける学芸員補を置くことができる。博物館法は、学芸員および学芸員補の職務等について、以下のように定めている。

> **（館長、学芸員その他の職員）**
> **第４条**　博物館に、館長を置く。
> 2　館長は、館務を掌理し、所属職員を監督して、博物館の任務の達成に努める。
> 3　博物館に、専門的職員として学芸員を置く。
> 4　学芸員は、博物館資料の収集、保管、展示及び調査研究その他これと関連する事業についての専門的事項をつかさどる。
> 5　博物館に、館長及び学芸員のほか、学芸員補その他の職員を置くことができる。
> 6　学芸員補は、学芸員の職務を助ける。

　学芸員の職務を助ける学芸員補は、この法において専門的職員として位置づけられていない。なお、法でいう登録博物館には学芸員が必置と定められている。

　本来、学芸員は博物館に置くことを原則としているが、実際には教育委員会事務局の文化財課などに配置され、遺跡の発掘調査や文化財の保護に関する業務に専門的な立場から従事している例も少なくない。

　学芸員の資格は、①学士の学位をもち、大学で博物館関係の科目の単位を修得したもの、②大学に２年以上在学し、博物館関係科目を含めて62単位以上を修得したもの、③文部科学大臣

▪ **表9-4　大学において修得すべき博物館に関する科目**

科目名	単位
生涯学習概論	2
博物館概論	2
博物館経営論	2
博物館資料論	2
博物館資料保存論	2
博物館展示論	2
博物館教育論	2
博物館情報・メディア論	2
博物館実習	3
計	19単位

が①と②の者と同等以上の学力及び経験をもつと認めたもののいずれかである。学芸員補の資格は大学に入学することのできるものなら得られる。

　現在の博物館の館種の多様性からすれば、それぞれの機能に応じた専門的知識・技術が必要になり、たとえば考古学博物館には考古学の専門性が、水族館なら生物学の専門性などが重視され、いわば学芸員に特定の専攻分野が求められている実態がある。

4　社会教育委員

　社会教育委員は社会教育行政に民意を的確に反映させ、その協力のもとに社会教育の振興を図ることを目的とし、都道府県および市町村の教育委員会に置かれる任意設置の非常勤職である。

　委員は、法令上、①学校長、②社会教育の関係者、③学識経験者からそれぞれ教育委員会が委嘱することとされる。

　その職務について、社会教育法は以下のように定めている。

（社会教育委員の職務）
第17条　社会教育委員は、社会教育に関し教育委員会に助言するため、次の職務を行う。
　一　社会教育に関する諸計画を立案すること。
　二　定時又は臨時に会議を開き、教育委員会の諮問に応じ、これに対して、意見を述べること。
　三　前二号の職務を行うために必要な研究調査を行うこと。
2　社会教育委員は、教育委員会の会議に出席して社会教育に関し意見を述べることができる。
3　市町村の社会教育委員は、当該市町村の教育委員会から委嘱を受けた青少年教育に関する特定の事項について、社会教育関係団体、社会教育指導者その他関係者に対し、助言と指導を与えることができる。

　その他、地方公共団体が社会教育関係団体に補助金を交付しようとする場合には、あらかじめ教育委員会が社会教育委員の会議の意見を聴いて行わなければならないと定められている。ただし、社会教育委員が置かれていない場合には他の審議会等の意見を聴くこととされる。社会教

育委員の職務は、社会教育委員の会議として行われる場合と、個々の委員として行われる場合とがある。ふつう、青少年教育に関しては個々の委員の職務として行われ、それ以外では会議として行われることになる。

定数および任期など必要な事項は、当該地方公共団体の条例で定めるものとされている。なお、旧生涯学習審議会社会教育分科審議会から平成4（1992）年に、「社会教育委員制度について」と題する報告が出され、その制度の活性化について提言している。

5　社会教育指導員

社会教育指導員は青少年問題や家庭教育、子供会育成など特定分野に関して講師や助言者として直接指導を行い、また住民の学習相談や団体育成などを担当する非常勤の社会教育指導者である。昭和47（1972）年から国の補助金交付事業の対象になり、この事業は平成9（1997）年度まで続いた。

その交付にあっては、設置等に関する教育委員会規則が制定されていること、社会教育主事が設置されかつ社会教育振興に対する各種の整備がなされ指導員の有効活用が期待されること、社会教育主事との職務内容が区分されていること、一般事務の補助に従事させないことなどを条件としていた。そして、社会教育指導員の条件としては、健康でかつ活動的であること、年齢70歳未満であること、社会教育に関する識見と特定の分野における専門的な指導技術を身につけていること、住民から信頼されていることがあげられていた。

社会教育主事が社会教育の計画立案など意思決定に関わる事項をも職務とするのに対して、社会教育指導員はより具体的な場面で直接指導を行うことを任務としているわけである。この意味で、指導員は教育委員会専属の講師・助言者としての役割を果たす職種に位置づけられていたと言えよう。むろん、現在は都道府県や市区町村が独自に社会教育指導員を置いているので、それら諸条件にかかわらず、その職務内容や任用について独自に定めることができる。

多くは退職教員、特に学校長経験者等が充てられ、その教育指導経験を活用することが期待されているが、なかには有志民間指導者や学卒者を委嘱する例も見られる。なお、スポーツ部門の指導員は、社会体育指導員と呼ばれる。

以上のうち、社会教育主事、司書、学芸員などの専門職員になるには、教育委員会が行う選考を経て採用されるか、一般公務員の採用試験を受けて採用されるか、いずれかの方法による。しかし、教員や事務職員から専門職員に発令される例も少なくない。

　さて、今日、社会教育主事はその役割が重視されているにもかかわらず、前出表9-1に示してあるように、その数はかなり減少してきている。また、公民館主事も同様に減少傾向にある。しかし、一方では、学校教員を嘱託社会教育主事として発令する施策（仙台市嘱託社会教育主事制度）や県下の公立学校全校に社会教育主事有資格者を配置しようとする施策（栃木県の社会教育主事全校配置計画）などの動きも見られるようになった。これらは学校と社会教育の連携を重視する取り組みであるが、教育基本法が学校・家庭・地域住民の連携を取り上げたことから、その連携を担う専門職員として社会教育主事の果たす役割がもっと注目されるのではないだろうか。

【註】
＊1　文部科学省『平成29年度教育行政調査』（平成29年5月1日現在）。
＊2　日高幸男「社会教育主事の本務」『社会教育』20巻11号、全日本社会教育連合会、昭和40年。
＊3　佐藤晴雄「社会教育主事の役割と専門性に関する調査研究報告」『帝京大学文学部紀要教育学』第20号、平成7年。

【その他参考文献】
◦文科省『平成30年度社会教育調査中間報告』総合教育政策局企画課、令和元年7月。
◦林部一二「社会教育関係職員」林部他編『社会教育事典』第一法規出版、昭和46年。
◦佐藤晴雄「社会教育主事の役割と専門性に関する調査研究報告」『帝京大学文学部紀要教育学第20号』、平成7年。
◦佐藤晴雄「社会教育主事の任用と職務の実態」『社会教育』49巻5号、全日本社会教育連合会、平成6年6月号。
◦国立教育政策研究所社会教育実践研究センター『社会教育指導者に関する調査研究報告書』平成26（2014）年。
◦日本社会教育学会編『社会教育職員養成と研修の新たな展望（日本の社会教育　第62集）』東洋館出版社、平成30（2018）年。
◦桜庭望『社会教育主事に求められる役割』風間書房、平成30（2018）年。

第 10 章　生涯学習と社会教育施設

　生涯学習の拠点となる社会教育施設には、公民館や図書館、博物館、その他施設がある。これら社会教育施設は、集会室や体育室などを自主サークルの活動の場として提供するに止まらず、学級・講座等の学習プログラムを実施し、個人に対する学習の機会を提供している。法的に見ると、社会教育施設は教育委員会が所管する教育機関になる。その他、コミュニティ・センターなど市民施設や福祉施設なども生涯学習関連施設として活用されている。

　市民施設は首長部局が所管する公共施設であるが、その位置づけが社会教育施設ほど明確でない場合があるので、本章では主な社会教育施設を取り上げ、その目的と役割について述べていくことにしよう。なお、市民施設との関係については本章の第 2 節の他第 12 章でも取り上げている。

第 1 節　社会教育施設

1　社会教育施設の設置数

　公民館や図書館、博物館などの社会教育施設は戦後、飛躍的に設置数を増やしてきたが、全体的には近年、公民館や社会施設などは減少傾向にある。公民館（類似施設を含む）は平成 11（1999）年 19,063 館存在したが、令和 3（2021）年には 13,798 館に減少している。この背景としては、市町村合併や市民施設への移行などが指摘できる。公民館類似施設とは、法的には公民館に位置づかないが公民館と同様の機能を有する施設のことで、社会教育センターや文化センターなどの名称を持つ。

　また、体育館や運動場などの社会体育施設は、平成 17（2005）年のピー

クであった 48,055 館から令和 3（2021）年には 45,680 館に減少している。これも平成の市町村合併や老朽化が影響しているようである。さらに、青年の家などの青少年教育施設も減少傾向にあり、この場合は利用者数の減少による例が多い。

　一方、図書館と博物館は増加傾向にある。図書館は平成 2（1990）年の 1,950 館から、令和 3（2021）年には 3,400 館に増え、博物館（類似施設は除く）は平成 2 年の 799 館から、令和 3 年には 1,306 館に増えている。むろん類似施設も増加傾向にある。図書館は図書の貸し出し機能に加えて情報センターとしての機能が求められ、博物館は観光志向や地域志向によって地域づくりの一環としての役割も期待されるようになったと指摘できる。

　以上のような施設の増減傾向が見られるものの、生涯学習においては学習の「場」（施設の提供）と「機会」（学習事業の提供）を提供する重要な施設に位置づけられる。以下、主要施設について解説していくことにする。

▪ 図 10-1　社会教育施設設置数（令和 3 年度）

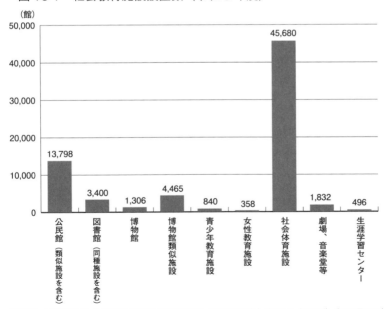

[資料] 文部科学省「令和 3 年度社会教育調査（中間報告）」令和 4（2022）年 7 月のデータより作成

2　公民館・公民館類似施設

(1) 公民館の目的

　第2章でも述べたが、公民館は戦後、町村民の社会教育の拠点として設置された施設である。当時、「文化施設に恵まれない地方農漁村における社会教育センターとして」発足したと言われ、主に町村など農村部に設置されたが、都市部にあまり見られなかったのである。その後、昭和20年代末頃からは都市部にも置かれるようになり、全国的に浸透していった。当時は講堂中心の施設が多かったが、次第に個室（会議室）が多く設置されるようになったと言われる。図書館や博物館が資料を提供する施設であるのに対して、公民館は学習活動の場を提供することから集会施設に位置づけられる。

　社会教育法は公民館の目的を以下のように定めている。

> **（目的）**
> **第20条**　公民館は、市町村その他一定区域内の住民のために、実際生活に即する教育、学術及び文化に関する各種の事業を行い、もつて住民の教養の向上、健康の増進、情操の純化を図り、生活文化の振興、社会福祉の増進に寄与することを目的とする。

　ここで、「一定区域内の住民のために」と記されていることから、同一市町村に複数の公民館が設置されている場合には、それぞれの担当地区を決めている。また、「実際生活に即する教育、学術及び文化に関する各種の事業」として、学級・講座等の学習プログラムを企画・実施するのである。そして、「住民の教養の向上、健康の増進、情操の純化を図り、生活文化の振興、社会福祉の増進に寄与する」ことを目的とするとされていることから、戦後間もない頃には社会福祉や産業指導などにも公民館が関わっていた。しかし、そうした機能を担う行政や施設が設けられると、公民館は社会教育施設として明瞭に認識されるようになった。

(2) 公民館の設置者

　公民館は市町村または民法第34条でいう法人のみが設置するものとされ、都道府県によって設置されるものではない。設置者別に見れば（令

和3年10月現在）、市区町村立公民館が圧倒的に多く（13,163館）、法人が設置する私立公民館は2館しかない。*4 もともと公民館が地域づくりを指向する地域住民のための社会教育施設として誕生したからである。

　ちなみに、公民館設置数が最も多い都道府県は長野県（1,789館）で、人口の最も多い東京都は80館にすぎない。

　社会教育法は公民館の設置に関して、以下のように定めている。

（公民館の設置者）
第21条　公民館は、市町村が設置する。
2　前項の場合を除くほか、公民館は、公民館の設置を目的とする一般社団法人又は一般財団法人（以下この章において「法人」という。）でなければ設置することができない。
3　公民館の事業の運営上必要があるときは、公民館に分館を設けることができる。

　実際の公民館は市町村によって小学校区単位または中学校区単位に設置されることが多く、学校区内の住民を対象に学習の場と機会を提供しているのである。

　市町村が公民館を設置しようとする場合、条例で公民館の設置および管理に関する事項を定めなければならない。

　なお、公民館類似施設は、「何人もこれを設置することができる。」（同法第42条）とされ、実際には公民館と同等の機能と役割を有することから、文部科学省の社会教育調査においても公民館に準じる形で扱われている。全国に類似施設は635館設置されている（令和3年10月現在）。

（3）公民館運営審議会

　公民館には、「館長の諮問に応じ、公民館における各種の事業の企画実施につき調査審議する」（社会教育法第29条）機関として、公民館運営審議会を設置することができる。もともと、この審議会制度は住民参加の観点から導入されたもので、規制緩和政策以前までは必ず置くものとされていたが、平成11（1999）年の社会教育法一部改正により任意設置に改められた。その結果、公民館運営協議会などに名称を変更したり、各館に設置されていた審議会を統合するなど審議会制度の後退も見られるようになった。また、実際に審議会が設置されていても、年数回だけ

の会議開催で終わる例も見られるなど形骸化している実態も必置制を変える背景にあった。

平成30（2018）年現在、運営審議会等の設置率は、単独で設置している場合が約27.0%（3,684館）で、市町村内の連絡担当館に設置している場合が約25.4%（3,459館）になる。これを合計すると約52.3%になる。

（4）公民館の施設・設備

現在、標準的な規模の公民館には、会議室・集会室、レクリエーション室（小体育室）、料理教室、茶室（和室）などが備えられ、規模が大きい施設になると、これらに加えて、図書室、保育室、小ホール、印刷室、音楽室、パソコン室などの施設・設備を有するものもある。市町村によっては、公民館には市町村の中心施設として中央公民館を置き、その管轄下に分館または地域公民館を位置づける場合があり、そのうち中央公民館は一般的に規模が大きく、高度で多様な施設・設備を備えている。

次頁表10-1は、やや規模の大きい公民館の施設・設備の例示である。これは神奈川県藤沢市村岡公民館の例であるが、学習や会議、調理実習、レクリエーション、音楽活動、茶道など様々な学習活動に対応できる施設を備えていることがわかる。

（5）公民館の事業

公民館は、地域住民に対する様々な学習の機会と場を提供している。公会堂やコミュニティセンターなどが学習の場を提供するに止まるのに対して、公民館は学習の機会、つまり学習プログラムや教育機能までも提供するところに大きな存在意義をもつ。

社会教育法は公民館の事業に関して、以下のように定めている（第22条第1号～第6号）。

1号　定期講座を開設すること。
2号　討論会、講習会、講演会、実習会、展示会等を開催すること。
3号　図書、記録、模型、資料等を備え、その利用を図ること。
4号　体育、レクリエーション等に関する集会を開催すること。
5号　各種の団体、機関等の連絡を図ること。
6号　その施設を住民の集会その他の公共的利用に供すること。

この場合、「この法律及び他の法令によって禁じられたもの」、すなわち、営利事業、政党の利害に関する事業、特定の宗教を支持するような事業等は禁じられている。また、ここでいう「定期講座」には学級・講座・教室などが含まれる。

(6) 公民館をめぐる課題

近年、公民館をめぐっては様々な課題がある。運営審議会設置の是非、民間学習機関や首長部局事業との連携のほか、特に、指定管理者制度の導入や使用料の有料化、市民施設化などの課題が議論の的になっている。これら課題については第12章で詳しく取り上げたい。

■ 表10-1　公民館施設・設備の例（神奈川県藤沢市村岡公民館の例）

階	室　名	各部屋の設備等	お使いいただける内容
1階	学習室	机／椅子／テレビ、ビデオ	学習や会議に使用できます。
	ホール	机／椅子／グランドピアノ／卓球台	音楽練習、ダンス、体操、卓球、演劇などに使用できます。
2階	第1和室 28畳	低机／座布団／テレビ、ビデオ	踊り、琴、三味線などに使用できます。
	第2和室 10畳	低机／座布団	小規模の会議のほか、茶道の稽古にも使用できます。
	調理室	調理実習台／机／椅子／ガスオーブン／電子レンジ／冷蔵庫、食器類	調理実習に使用できます。学習や会議で使用する場合は、衛生管理等の注意事項をお守りください。
	実習室	木製作業机／椅子	華道、工芸、陶芸、絵画などに使用できます。
	子ども室	低机	保育活動、会合に使用できます。（土足厳禁）
3階	第1談話室	机／椅子	学習や会議に使用できます。
	第2談話室	机／椅子	学習や会議のほかダンスなどに使用できます。
	多目的室	机／椅子／アップライトピアノ	学習や会議のほかダンスなどに使用できます。（ヒールカバー装着）
地下1階	文化室	机／椅子／アップライトピアノ	音楽練習、ダンス、体操などに使用できます。（土足禁止）

3　図書館

(1) 図書館の目的

図書館は多くの人に最も親しまれている社会教育施設ではないだろう

か。令和2年間には全国3,383館の個人及び団体の年間延べ利用者数を見ると、登録者（件）数約2,860万人、図書館の図書帯出者数1億4,250万人となる[*6]。この数字は図書を借り出した人数であって、閲覧だけの利用者が含まれていない。閲覧利用者数がカウントされていないが、私たちは閲覧利用に止まることが多い実態を考慮すれば、図書館利用者は図書帯出者数の何倍もの数になると考えるのが自然であろう。その意味でも、最も親しまれている社会教育施設だと言えよう。

さて、図書館は法的にどう定義され、どのような目的を有する施設とされているだろうか。図書館法は以下のように定義している。

（定義）
第2条　この法律において「図書館」とは、図書、記録その他必要な資料を収集し、整理し、保存して、一般公衆の利用に供し、その教養、調査研究、レクリエーション等に資することを目的とする施設で、地方公共団体、日本赤十字社又は一般社団法人若しくは一般財団法人が設置するもの（学校に附属する図書館又は図書室を除く。）をいう。

このように、図書館法でいう図書館とは、公立図書館と私立図書館（一般社団法人等が設置）をいい、国立図書館や学校図書館を含まないのである。そして、図書館の目的は、図書や資料を、①収集、②整理、③保存、④一般利用などを通して、市民の教養や調査研究、レクリエーション等に資することにある。

（2）図書館の事業

図書館は目的を果たすために、以下のような具体的な事業を行うよう図書館法によって定められている（第3条）。

①図書・記録・視聴覚資料などを収集して一般利用に供すること。
②図書館資料を適切に分類排列するとともに目録を整備すること。
③図書利用のための相談に応じること（レファレンスサービスと呼ばれる）。
④他の図書館等と緊密に連絡し、協力し、図書館資料の相互貸借を行うこと。
⑤分館・閲覧所・配本所等の設置と共に自動車文庫・貸出文庫の巡回を行うこと。
⑥読書会、研究会、鑑賞会、映写会、資料展示会等を主催し、およびその

開催を奨励すること。
⑦時事に関する情報および参考資料を紹介し、提供すること。
⑧社会教育における学習の機会を利用して行った学習の成果を活用して行う教育活動その他の活動の機会を提供し、およびその提供を奨励すること。
⑨学校・博物館・公民館・研究所等と緊密に連絡し、協力すること。

　図書館は図書館資料等の収集から貸出しまでの業務の他にも、レファレンスサービスや読書会等の学習事業なども担う施設であることがわかる。これら図書館の専門的事務に従事するのが司書であり、その職務を助けるのが司書補である。
　これらの事業を行う図書館は、公立図書館の場合には、「入館料その他図書館資料の利用に対するいかなる対価をも徴収してはならない。」とされる（同法第17条）が、私立図書館に限っては、「入館料その他図書館資料の利用に対する対価を徴収することができる。」（同法第28条）と定められている。公立図書館は博物館以上に入館料無料の原則が強く適用されているのである。

(3) 図書館協議会
　公立図書館には、「図書館の運営に関し館長の諮問に応ずるとともに、図書館の行う図書館奉仕につき、館長に対して意見を述べる機関」（同法第14条）として、図書館協議会を置くことができる。これも市民の意向を反映させるための仕組みとして設けられたが、公民館運営審議会とは異なり、もともと任意設置とされていた。協議会委員は教育委員会によって任命される（同法第15条）。平成30（2018）年度の協議会等の設置率は66.3％（2,228館に設置）である。[*7]

(4) 図書館をめぐる課題
　図書館に関しては、すでに述べたように設置率に地域間の格差が見られる。この地域間格差は、都道府県間に見られるとともに、市部と町村部との間にも見られる。都市部の設置率が高いのに対して、農山村を抱える小規模村には未設置のところもある。平成30年度調査から全国市町村別設置率を見ると、市98.7％、町63.1％、村27.9％となり近年設置率は上昇してはいるものの、市に対して村の設置率がきわめて低くなっている。[*8]

図書館が最も身近な社会教育施設であることを考えると、図書館未設置市町村の解消を図ることが生涯学習施策に求められる大きな課題だと言えよう。

4　博物館

(1) 博物館の目的と設置数

　博物館は図書館ほど日常生活に根づいているとは言えないが、多くの人に親しまれている社会教育施設の一つである。博物館法は、博物館を以下のように定義する。

　博物館とは、「歴史、芸術、民俗、産業、自然科学等に関する資料を収集し、保管（育成を含む。）し、展示して教育的配慮の下に一般公衆の利用に供し、その教養、調査研究、レクリエーション等に資するために必要な事業を行い、あわせてこれらの資料に関する調査研究をすることを目的とする機関のうち、地方公共団体、一般社団法人若しくは一般財団法人、宗教法人又は政令で定めるその他の法人（独立行政法人を除く。）が設置するもので（中略）登録を受けたもの」である（同法第2条原文の一部を省略）。

　ここで、博物館資料に関して、「歴史、芸術、民俗、産業、自然科学等」と記されているように、博物館はいくつかの種類に分類される。また、「博物館」の名称をもつ施設以外にも様々な博物館が存在するのである。文部科学省の調査では表 10-2 のように分類している。また、博物館の教育志向性からは、中央志向、地域志向、観光志向に分類できる[*9]。中央志向とは、知識・技術の体系を重視する内容を教授中心に行うタイプで、地域志向は地域と教育内容の関連を重視して思考・表現力などを育成するタイプである。そして、観光志向は希少価値を重視した内容を資料の意外性・人気性を中心に行うタイプだとされる。

　また、博物館は法的位置づけからもいくつかのタイプに分けられる。図 10-2 のように、登録博物館、博物館相当施設、博物館類似施設という三タイプがある。

　博物館法第3条で言う博物館は「登録博物館」のことであるが、これに準ずる施設として「相当施設」という制度がある。また、博物館法に基づかずに、任意に設置される博物館類似施設も事実上の博物館だと言ってよい。

▪ 表 10-2　種類別博物館数の推移

(単位：館)

区　分		計	種　類　別									
			総合	科学	歴史	美術	野外	動物園	植物園	動植物園	水族館
平成 5 年度	博物館	861	109	89	274	281	9	31	22	9	37
	類似施設	4,065	219	330	2,561	634	71	65	128	17	39
平成 14 年度	博物館	1,120	141	102	383	383	11	31	17	10	42
	類似施設	4,243	225	342	2,708	651	85	62	124	13	33
平成 17 年度	博物館	1,196	156	108	405	423	13	32	12	9	38
	類似施設	4,118	262	366	2,795	664	93	63	121	16	38
平成 20 年度	博物館	1,248	149	105	436	449	18	29	11	10	41
	類似施設	4,527	280	380	2,891	652	88	58	122	19	37
平成 23 年度	博物館	1,262	143	109	448	452	18	32	10	8	42
	類似施設	4,485	288	363	2,869	635	100	60	113	16	41
平成 30 年度	博物館	1,287	155	104	470	453	16	34	11	6	38
	類似施設	4,457	318	351	2,861	616	91	59	102	16	43
令和 3 年度	博物館	1,306	159	100	476	456	18	36	11	7	43
	類似施設	4,465	339	347	2,862	604	103	61	92	16	41

(注) 表中の「博物館」は、登録博物館と相当施設の合計数である。
[資料] 文部科学省『令和 3 年度　社会教育調査報告書（中間報告）』より作成。

▪ 図 10-2　博物館のタイプ

	登録博物館	当該博物館の所在する都道府県の教育委員会（政令指定都市に所在する場合は、当該指定都市の教育委員会）に備える博物館登録原簿に登録を受けた博物館
博　物　館	博物館相当施設	文部科学大臣または都道府県の教育委員会（政令指定都市に所在する場合は、当該指定都市の教育委員会）が省令に基づいて博物館に相当する施設として指定した博物館
	博物館類似施設	博物館法によらない博物館

(2) 博物館の事業

博物館法は博物館が行う事業に関して、以下のように定める（第3条）。

①実物、標本、模写、模型、文献、図表、写真、フィルム、レコード等の博物館資料を豊富に収集し、保管し、及び展示すること。
②分館を設置し、又は博物館資料を当該博物館外で展示すること。
③一般公衆に対して、博物館資料の利用に関し必要な説明、助言、指導等

を行い、又は研究室、実験室、工作室、図書室等を設置してこれを利用
させること。

④博物館資料に関する専門的、技術的な調査研究を行うこと。

⑤博物館資料の保管及び展示等に関する技術的研究を行うこと。

⑥博物館資料に関する案内書、解説書、目録、図録、年報、調査研究の報
告書等を作成し、及び頒布すること。

⑦博物館資料に関する講演会、講習会、映写会、研究会等を主催し、及び
その開催を援助すること。

⑧当該博物館の所在地又はその周辺にある文化財保護法の適用を受ける文
化財について、解説書又は目録を作成する等一般公衆の当該文化財の利
用の便を図ること。

⑨社会教育における学習の機会を利用して行つた学習の成果を活用して行
う教育活動その他の活動の機会を提供し、及びその提供を奨励すること。

⑩他の博物館、博物館と同一の目的を有する国の施設等と緊密に連絡し、
協力し、刊行物及び情報の交換、博物館資料の相互貸借等を行うこと。

⑪学校、図書館、研究所、公民館等の教育、学術、又は文化に関する諸施
設と協力し、その活動を援助すること。

　上記の①に記されていることが博物館の基本的な役割になる。すなわ
ち、資料の①収集、②保管、③展示である。そして、これに加えて、④
説明・助言・指導と施設提供、⑤調査研究、⑥技術研究、⑦案内書等の
作成・頒布、⑧講演会等の開催、⑨文化財の解説書・目録等の作成、⑩
社会教育活動の提供、⑪他の施設との連携などの事業を行うことになる。
これら事業に関して専門的事項をつかさどるのが専門的職員である学芸
員である。学芸員は登録博物館では必置とされる。

（3）博物館協議会

　公立博物館には、「博物館の運営に関し館長の諮問に応ずるとともに、
館長に対して意見を述べる機関」である博物館協議会を置くことができ
る(同法第20条)。図書館協議会と同様に以前から任意設置とされている。
平成30年（2018）度の設置率は、博物館（相当施設を含む）が53.5％（設
置数688館）となる。[10]

(4) 博物館をめぐる課題

近年、博物館と学校との連携が進み、この取り組みは博学連携または学博連携などと呼ばれるようになった。たとえば、博物館の学校への出張展示や体験活動への支援などの取り組みが見られる。また、学芸員が学校でゲストティーチャーとして授業支援に関わる取り組みも進展している。博物館は単に資料を扱う施設に止まらず、指導普及活動をも重視しながら教育機関としての役割を果たすことが強く期待されているのである。たとえば、山梨県立博物館では、「博物館を第二の教室に」と題した取り組みを開始し、以来、学校による利用を積極的に働きかけている。そうした取り組みの工夫が今後の課題になると言えよう。[11]

5　その他社会教育施設

そのほかの主な社会教育施設として、以下、青少年教育施設、女性教育施設、生涯学習センター、そして学校開放について取り上げておこう。

(1) 青少年教育施設

青少年教育施設には、高校生年齢以上を主対象とする青年の家と小中学生を主対象とする少年自然の家などがある。青年の家は宿泊型と非宿泊型の施設に分けられ、後者は都市部などに設置されることが多く、青少年センターや青年館などと称される施設である。少年自然の家はその名が示すように自然環境豊かな環境に設置され、集団宿泊研修を通して自然体験活動を行うための場としてその役割を果たす施設である。国立および公立が主流であるが、一部には企業等が設置する民間施設もある。その他、少年に対して科学的知識の普及や情操の涵養、生活指導などを行うための場である児童文化センターも青少年教育施設に属する。

①　青年の家（青少年交流の家）

ⅰ）青年の家設置の背景

文部省（現、文部科学省）は、昭和 30（1955）年度から青少年教育施設設置に関する国庫補助を行い、同 33（1958）年度からは全国の地方公共団体に青年の家の設置を促してきた。[11] 青年の家は、公民館等の基礎が確立された頃、青少年の教育活動を促進するために、大自然の中で共同生活を通して健全な育成を図る場として設置されるようになる。原則として都道府県が設置し（特別の場合は市）、教育委員会が管理する施設とさ

れた。昭和34（1959）年には、皇太子（今上天皇）御成婚記念事業として、静岡県御殿場市の滝ヶ原米軍ノースキャンプ跡地に国立中央青年の家が設置され、以後、青年の家の設置に拍車をかけることになった。

ⅱ）青年の家の教育目標

青年の家は、①規律、協同、友愛および奉仕の精神を涵養すること、②自律性、責任感および実行力を身につけさせること、③相互連帯意識を高め、郷土愛、祖国愛および国際理解の精神を培うこと、④教養の向上、情操の純化および体力の増強を図ること、という四つの教育目標を掲げている。

集団宿泊研修のための施設であるから、基本的にはキャンプ場や野外炊事施設、運動場などを備えている。利用形態は原則として団体利用とされ、利用しようとする団体の指導者が施設職員から事前指導を受けることになる。現在は、利用者の拡大が図られ、幼児や家族でも利用できるところが少なくない。

ⅲ）青年の家の現状

令和3年度において、全国の青年の家は、宿泊型96か所、非宿泊型45か所あるが、近年は減少傾向にある。また、国立青年の家は、平成18（2006）年4月から独立行政法人国立青少年教育振興機構に移管され、その名称を国立青少年交流の家に改称され、全国に13か所置かれている。その他、東京オリンピックの選手村の跡地に建てられた国立オリンピック記念青少年総合センターは、宿泊施設を備えるとともに都市型青少年施設としても利用されている青少年教育の中核的施設である。[*13]

ただし、利用規則の厳しさや利用手続きの煩雑さなども影響して、青年層の利用が減少したため、昭和60（1985）年には当時の文部省から「青年の家、少年自然の家の利用促進について」と題する通知が出された。その結果、近年は、学校の利用や企業研修の利用、家族利用、青年以外の年代の利用など利用形態の弾力化が図られるようになった。しかしながら、東京都のように青年の家を全廃したところや神奈川県のように1か所のみ残し廃止する例も現れた。

② 少年自然の家（青少年自然の家）

少年自然の家は、青年の家より遅れて誕生した。昭和45（1970）年以降、国によってその建築費の国庫補助制度が開始され、以後、全国の地方公共団体に設置されるようになった。少年自然の家とは、「少年（義務教育

諸学校の児童・生徒をいう。以下同じ。）を自然に親しませ、自然の中での集団宿泊生活を通じてその情操や社会性を豊かにし、心身を鍛練し、もって健全な少年の育成を図る」施設である。[*14]

　少年自然の家の教育目標は、①自然の恩恵に触れ、自然に親しむ心や敬けんの念を育てること、②集団宿泊生活を通じて、規律、協同、友愛、奉仕の精神を養うこと、③野外活動を通じて、心身を鍛練することにある。青年の家に比べて、自然体験活動や野外活動などがより重視される。

　少年自然の家は、令和3（2021）年度現在、全国に195か所設置されている。[*15] 国立少年自然の家は、機構改革により、青年の家と一緒に独立行政法人青少年教育振興機構に移管され、国立青少年自然の家に改められ、全国14か所が運営されている。

　青年の家もそうだが、これら青少年教育施設は集団宿泊を行う団体の利用を供与するとともに、指導者研修など主催事業も実施している。また、近年は、学校の自然教室等の利用が増えているが、この種の利用は学校教育でありながら社会教育でもあるという意味から、学社融合と呼ばれるようになった。

（2）女性教育施設

　女性教育施設とは、もともとは婦人教育施設とされ、婦人会館などの名称を付されていた。それは、「主に女性教育関係者や一般女性のための各種研修、交流、情報提供、調査研究の事業を行うとともに、女性団体などが行う各種の女性教育活動の拠点として、女性の資質・能力の開発や知識・技術の向上を図ることを主たる目的」[*16] とする施設である。現在、女性会館や女性センターなどと改称されているが、なかには社会教育施設ではなく、首長部局等が運営する施設もある。

　女性教育施設の数は、昭和30（1955）年以前には法人が設置する私立が14館確認されるのみで、それ以後、公立施設が設置されるようになった。令和3年度現在、全国に358館設置され、そのうち、私立が86館である。[*16] 他の施設に比べて、私立施設の多い点に特徴がある。また、昭和52（1977）年に設置された国立女性教育会館が1館あり、女性教育の中核的施設としてその役割を果たしている。

（3）生涯学習センター

　生涯学習センターは、国の施策では生涯学習推進センターと呼ばれる。

昭和56（1981）年の中教審答申「生涯教育について」が「生涯教育センター」を提唱したが、その2年前には、わが国最初の生涯教育センターとして、兵庫県が嬉野台生涯教育センターを設置していた。その後、平成2（1990）年の中教審答申「生涯学習の基盤整備について」は、大学等に生涯学習センターを設置し、都道府県に生涯学習推進センターを設置するよう提言してから、全国的にその設置が進んだのである。

　生涯学習センターは、各地域の生涯学習振興の拠点として、①学習情報の提供、②学習相談の実施、③指導者養成・研修、④調査・研究、⑤学習プログラムの開発、⑥学習成果の評価などを行う生涯学習の中心施設である。主に都道府県と指定都市で設置されているが、市町村に置かれている例も少なくない。

　生涯学習センターの位置づけは明確でないが、文部科学省の社会教育調査によれば、令和3（2021）年現在、全国に496所、うち都道府県立39所、市（区）町村立457所（組合立館を含む）設置されている[18]。通常は、地方公共団体における生涯学習の中核施設として1か所置かれるが、なかには茨城県や北九州市のように複数設置されている場合もある。なお、市町村立生涯学習センターには公民館と同様に位置づけられている例も見られる。

（4）学校開放

　第2章で述べたように、学校開放の歴史は古く、明治36（1903）年の文部省通牒にさかのぼる。この通牒は、小学校の校舎や校庭を一般国民のための体育や集会の場として利用できるよう定めたのであった。戦前までは公民館のような社会教育施設をもたなかったため、学校が主に用いられた。戦後になっても、学校は社会教育の場として活用され、社会教育法にも学校開放に関する条文が盛り込まれたのである。現在、学校開放は、①施設開放、②機能開放に分けられる。そのうち、機能開放とは学校の教育機能（教職員人材や教材など）を活用し、地域住民に対して講座など学習の機会を提供することを指す。

　社会教育法は学校開放に関して、次のように定めている。

（学校施設の利用）

第44条　学校（国立学校又は公立学校をいう。以下この章において同じ。）の管理機関は、学校教育上支障がないと認める限り、その管理する学校の施設を社会教育のために利用に供するように努めなければならない。

ここで言う「学校の管理機関」とは、公立学校の場合には当該学校を管理する教育委員会になる。学校を利用するときには、その管理機関の許可を受ける必要がある。その際、管理機関は校長の意見を聴取しなければならない。ただし、多くの例では、学校開放に関する権限を校長に委任している。

　また、機能開放については、社会教育法第48条第1項で、「教育委員会は当該地方公共団体が設置する大学及び幼保連携型認定こども園以外の公立学校に対し、その教育組織及び学校の施設の状況に応じ、文化講座、専門講座、夏期講座、社会学級講座等学校施設の利用による社会教育のための講座の開設を求めることができる。」とする。これら講座等の実施による機能開放は小中学校には浸透しておらず、主として大学や高等学校で進められている実情にある。

　平成19（2007）年度からは、小学校を活用した「放課後子どもプラン」が文部科学省と厚生労働省によって実施され、平成28（2016）年4月1日からは、「放課後子ども総合プラン」が両省によって実施され、さらに平成31年度からは、「新・放課後子ども総合プラン」が実施され、子どもの居場所づくりの拠点として学校がより注目されるようになっている。

（5）社会体育施設（スポーツ施設）

　学校における体育活動が学校体育と呼ばれるのに対して、社会の場で行われる体育活動は社会体育と呼ばれる。しかし、近年、後者はスポーツ活動と呼ばれることが多くなり、その施設も社会教育体育施設からスポーツ施設に改められる傾向が見られる。『文部科学白書』でも社会体育施設と言わずに、スポーツ施設の用語を用いている。ただし、文部科学省『社会教育調査報告書』では、今のところ社会体育施設の用語が使われている。

　同『社会教育調査』では、社会体育施設として51種類上げて調査している。主な施設には、陸上競技場、野球場、多目的運動広場、水泳プール、レジャープール、体育館、柔道場、バレーボール場、すもう場、弓道場、馬場、アイススケート場、ダンス場、ゴルフ場、キャンプ場、ハイキングコース、海水浴場などがある。これら社会体育施設の設置数は、全体で令和3年度現在45,680か所である。[19] 野球場やキャンプ場、ゲートボール場などの面積の広いオープンエア施設は首長部局所管施設数が教育委員会の施設数に近づいている。公園などの所管が首長部局とされ

ていることが多い。

　社会体育施設は、伝統的に無料とされてきた公民館等の集会施設とは異なり、公立と言えども使用料（利用料金や入館料等）が有料とされてきた例がほとんどである。したがって、公民館の有料化などには敏感な市民も、社会体育施設の使用料に関してはさほど反応しない実情にある。社会体育施設はレジャー施設と同等と認識されていることが影響しているものと考えられるが、高齢社会を迎えた今日、健康・体力づくりがきわめて重視されるようになったことを考えると、使用料の問題にも注目する必要がある。

第2節　社会教育施設と生涯学習関連施設

　今日、社会教育施設全体に関わる問題として、まず取り上げられるのは、教育委員会以外の部局、つまり首長部局が所管する生涯学習関連施設との関係である。

　生涯学習関連施設とは、社会教育施設はもちろん、コミュニティセンターなど市民の集会や学習に使用させる首長部局所管施設の他に、本来学習以外の目的のために設置された施設であるが、集会や学習にも使用できる施設を総称した概念である。たとえば、東京都内のある市の生涯学習推進計画を見ると、生涯学習関連施設には、公民館、図書館、生涯学習センター、博物館等の社会教育施設のほかに、児童館、高齢者福祉館、市民会館、市民医療センター、心身障害者福祉センター、三世代交流センター等の首長部局所管施設が列記されている。これら福祉施設や医療施設は生涯学習のための施設ではないが、学習プログラム等の学習機会や学習の場を提供していることから、生涯学習関連施設に位置づけられるわけである。むろん、そうした位置づけは前記の市に限らず、全国のほとんどの市町村でも同様である。

　しかしながら、社会教育施設が生涯学習関連施設で安易に包括されてしまうと、教育機関としての使命が軽視されかねないのである。まして、公民館運営審議会が必置制から任意設置制に改められると、他の市民施設と同一視されやすくなる。公民館は創設時に、教育機関であって、単に施設を提供するだけの公会堂とは異なることが強調され、それだけに

学級・講座等の学習プログラムの提供が重要だと認識されていた。ところが、近年の財政削減を理由に、学習事業のスリム化が進み、公民館を学習の場所だけを提供する施設だと考える傾向も徐々に現れてきている。

　また、博物館や社会体育施設は、首長部局との関係だけでなく、民間施設との関係において教育機関としての独自性が曖昧になっている。それら施設に関して、公立施設と私立施設の違いを入館料の有無や使用料の高低でしか捉えない市民もいる。

　以上の外にも、社会教育施設をめぐる様々な課題はあるが、少なくとも、社会教育施設が単なる生涯学習関連施設ではなく、教育機関であることが多くの人に認識される必要がある。そして、これからの社会教育施設職員には、教育機関としての独自性をいかに示していくかが求められてくる。教育機関は、宗教的・政治的中立性が求められるのはもちろん、他行政による不当な支配からも中立でなければならない点で他の施設とは異なるのである。

【註】
＊1、2　文部科学省生涯学習政策局『令和3年度　社会教育調査報告書（中間報告）』令和元年。なお、令和3（2021）年度の速報値には、データ項目のうちいくつかは未公表のため、平成30（2018）年調査を併用してある。
＊3　文部省社会教育局『社会教育10年の歩み　社会教育法施行10周年記念』昭和34年、p.177-178。
＊4　文部科学省生涯学習政策局『令和3年度　社会教育調査報告書（中間報告）』令和4年7月。
＊5、6、7、8、10　文部科学省生涯学習政策局、前掲調査。
＊9　佐々木亨・稲村哲也『新訂 博物館経営論』放送大学教育振興会、2019年。
＊11　たとえば、堀田龍也・高田浩二編『博物館をみんなの教室にするために――学校と博物館がいっしょに創る「総合的な学習の時間」』高陵社書店、平成14年。
＊12　文部省社会教育局、前掲書、pp.64-67。
＊13　文部科学省生涯学習政策局、前掲調査。
＊14　文部省通知「公立少年自然の家について」昭和48年11月22日。
＊15　文部科学省生涯学習政策局、前掲調査。
＊16　文部科学省『平成15年度　文部科学白書』p.145。
＊17、18、19　文部科学省生涯学習政策局、前掲調査。
【その他参考文献】
◦大堀哲編『司書・学芸員をめざす人への生涯学習概論』樹村房、平成14年。
◦白石克巳・廣瀬隆人・稲葉隆・佐藤晴雄編『クリエイティブな学習空間をつくる（生涯学習の新しいステージを拓く3）』ぎょうせい、平成13年。
◦鈴木眞理・井上伸良・林萬徳編『社会教育の施設論――社会教育の空間的展開を考える（講座 転換期の社会教育Ⅲ）』学文社、平成27年。
◦田中雅文・中村香『社会教育経営のフロンティア』玉川大学出版部、令和1年。
◦小笠原喜康・矢島國雄・並木美砂子編『博物館教育論』ぎょうせい、平成24年。

第11章　生涯各期の教育課題

　生涯学習施策は市民のニーズに応える必要がある。学習プログラムの場合には、要求課題を捉えて、それに応じた内容編成がなされることが大切であり、施設の運営の場合も、市民のニーズを考慮することが求められる。

　学習者のニーズには個人的嗜好の他に、発達段階（年代）や属性（性、職の有無など）に基づくものもある。特に、学習のあり方は発達段階に強く影響されるので、近年は、成人教育学という独自の研究分野も注目されている。

　そこで本章では、生涯各期の教育課題を取り上げ、それぞれの特徴と課題について述べることにしたい。

第1節　発達課題と生涯学習

　学習ニーズは、個性によっても大きく異なるが、発達段階と心理的欲求にも強く影響される。つまり、学習ニーズは年代毎に期待される課題と心理的欲求のあり方に左右されることになるのである。特に学習プログラムの編成や生涯学習推進計画の策定などの作業においては、発達課題と心理的欲求のあり方を十分踏まえることが大切になってくる。

　まず、発達課題という概念を想起するとき、真っ先に思い浮かぶのがハヴィガーストの発達課題論であろう。ハヴィガースト（R.J.Havighurst）は、人間の発達段階を、胎児期、幼児期、児童期、青年期、壮年初期、中年期、老年期の七つに分類し、それぞれの段階に必要な達成すべき課題を示し、教育がそれら発達課題を援助するものと捉えた。[*1]

　たとえば、児童期には、。遊びやゲームを通じて必要な身体的技能を学ぶ、。自己に対する健全な態度の確立、。同年齢の友達との交友、

。社会的な性役割を学ぶ、。読み、書き、計算の基礎的技能を身につける、。道徳性的価値尺度を身につける、。個人としての独立性を達成させる、。社会集団などになじむ、などの具体的課題を指摘する。そして、彼は、生涯各期に必要となる発達課題をうまく達成できれば幸福になり、次にやってくる発達課題をうまく達成しやすくなるが、その達成に失敗すれば不幸になり、次の発達課題の達成も困難になると言うのである。

　その意味でも、学校教育は生涯学習の基礎づくりの上から最も重視されることになるが、ハヴィガーストは、それ以後、老年期に至るまでの課題達成に教育が必要なことを示唆するのである。したがって、生涯学習においては彼の発達課題論がしばしば取り上げられるわけである。言うまでもなく、ハヴィガーストの理論を絶対視することは避けなければならないが、少なくとも発達段階に応じた学習課題が設定される必要性を説いたことは参考にされるべきである。

　そして、人間のニーズには階層性があることを指摘したのがマズロー（A.H.Maslow）である。マズローは、人間の生理的・心理的欲求（ニーズ）には、生理的・生存的欲求、安全の欲求、愛情と所属の欲求、承認の欲求、自己実現の欲求という五つがあり、これらが図 11-1 に示したように、ピラミッド型の階層性をつくっていると言う。そして、ピラミッドの下位にある欲求を満たせないと、それより上位の欲求を満足させることができないと主張するとともに、最上位の自己実現の欲求が人間としての

▪ 図 11-1　マズローの人間的ニーズの階層説

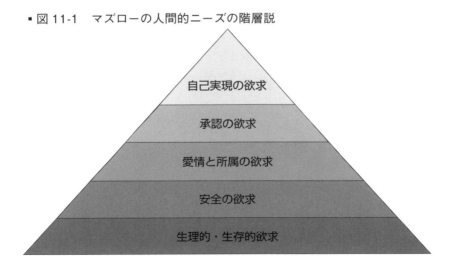

自己実現の欲求

承認の欲求

愛情と所属の欲求

安全の欲求

生理的・生存的欲求

最高次のものだと捉えている。

　これらの欲求を簡潔に説明すれば、まず人間は生きるための衣食住等に関する根源的な欲求である生理的・生存的欲求と安全の欲求を満たすことが最初であり、次いで、他人と関わり合いたいという愛情と所属の欲求を持ち、さらにこの欲求を満たした後には集団の中で自己の存在価値を認められたいという欲求をもつようになる。これら欲求が満たされると、最後には自分の能力や可能性を発揮し、自己の成長を図りたいと思うようになると言うのである。

　そうした側面からも学習者のニーズを把握し、それに応える生涯学習事業の展開が望まれるのである。

　そこで以下では、青少年教育、成人教育、高齢者教育、女性教育に分けて、それぞれの教育課題と意義を整理してみた。

第2節　青少年教育

1　青少年教育の対象

　青少年を意味する用語として、多くの法律は「児童」または「少年」を用いている。その場合も図 11-2 に示したように、各法律によって年齢範囲が異なる。「青年」という用語は青年学級振興法（旧）で登場するだけで他の法律には見られず、むしろ教育学的ないしは心理学的意味合いから人間の特定の発達段階を意味する用語として用いられている。

　心理学においては、小学生を「児童期」、中学生を「青年前期」、高校生くらいの時期を「青年中期」、それ以後から 23 歳くらいの時期（4 年制大学生の年齢に相当）を「青年後期」としている。現在の学校教育段階はほぼこの考え方に従って区分されている。

　社会教育においては、「青少年」「少年」「青年」などの用語が実践上頻繁に使用されている。もちろん社会教育法はそれらの年齢を定義していないが、実際には義務教育諸学校（小中学校等）就学児童生徒（6 〜 15 歳まで）を「少年」、義務教育修了からおおむね 25 歳くらいまでを「青年」と定めるケースが多い。しかし、昨今は青年期の延長によって、30 歳未満を「青年」として取り扱う事例もしばしばある。

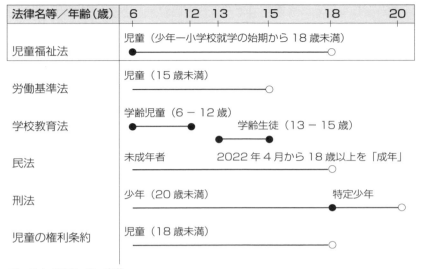

▪図 11-2　各法律における児童・少年等の年齢範囲

法律名等／年齢（歳）	6	12 13	15	18	20
児童福祉法	児童（少年—小学校就学の始期から 18 歳未満）				
労働基準法	児童（15 歳未満）				
学校教育法	学齢児童（6 − 12 歳）	学齢生徒（13 − 15 歳）			
民法	未成年者	2022 年 4 月から 18 歳以上を「成年」			
刑法	少年（20 歳未満）	特定少年			
児童の権利条約	児童（18 歳未満）				

●＝以上／以下、○＝未満

　なお、平成 30（2018）年 6 月の民法一部改正によって、令和 4（2022）年 4 月から成年が 20 歳から 18 歳に引き下げられ、また婚姻の最低年齢は 16 歳から 18 歳に引き上げられた。成年は親権に服することがなくなる年齢であり、単独で契約を締結することができる年齢を意味する。これに伴い、成人式の在り方が変わると共に、18 歳年齢等に対する消費者教育や主権者教育の充実が求められるようになる。

　青少年期のそれぞれの段階に固有の発達特性を踏まえて、少年教育と青年教育の課題について述べておきたい。

2　少年教育の課題

　昭和 49（1974）年の旧社会教育審議会建議「在学青少年に対する社会教育の在り方について――家庭教育、学校教育と社会教育の連携」は、少年に対する社会教育の役割を「少年が身体的活動への関心や知識欲、冒険心などを高め、自発性に基づく多面的な活動を展開し、特に、仲間との集団活動を通じて家庭や学校では期待しにくい学習体験をもつことによって、その成長発達を促すところにある」と指摘する。ここでも少

年教育の課題として「活動性」および「自発性」が指摘されている。

　また、少年指導の課題として、自然との接触、遊びと遊び場の確保、異年齢集団の構成、そして社会体験活動の機会提供にあると言う。ここでいう課題は発達課題の観点に立つというよりも、むしろ少年を取り巻く社会変化を背景として求められるようになったものだと考えられる。したがって、少年教育の意義を捉える場合には、発達段階上の課題と並んで社会環境の変化に対応すべき教育課題を考慮する必要がある。

（1）学校では期待しにくい経験をさせ、興味関心を拡大すること

　この時期の少年たちの興味関心は多様化し、彼らが求める活動水準は高度化してきていると言われる。しかし、学校では知育中心の活動に傾斜しがちであり、少年が抱く「何でもやってみたい」という自発的欲求をうまく受けとめ、十分に対応することが困難な実情にある。

　こうした状況の中で、少年たちの興味関心や冒険心、チャレンジ精神に応え、あるいは身体的活動への欲求を充たすために、学校で実施困難な内容と方法による諸活動、特にスポーツやレクリエーション分野に係わる活動や地域におけるボランティア活動が重視されてきている。少年教育はこうした学校外における多様な活動を通して、彼ら少年たちの知的、情緒的、身体的な発達を促すことに大きな意義をもっている。

（2）直接的な体験活動を通して学習を深化させること

　現代はコピー文化や代替行為が進展した結果、われわれのあらゆる生活領域から直接体験の機会が次第に失われつつある。このような状況では本物に触れ、直接体験する機会を求めても、なかなか出会うことが難しい。直接体験の不足は少年に、物事の本質を理解する能力や応用能力などの低下をもたらし、さらに自らの価値観に基づく判断力の弱体化を招来することになった。

　したがって、社会教育における少年教育では、少年に、野外活動を通して自然との触れ合いの機会を与えて、自然の偉大さや驚異、すばらしさなどを肌で理解させ、あるいは創造的活動をその道の専門家の指導のもとに体験させる点に大きな教育的意味をもつ。

（3）異質な仲間との集団活動を通して社会性の伸張を図ること

　現代の青少年の交友関係は年齢や家庭環境、興味関心などの点におい

て同質化しつつあると言われる。学校における友人関係の比重が必要以上に大きく、学校外の場で異質な人間との出会いが限られ、その結果、社会性の欠如や他者の存在を認め尊重する意識が希薄になっていく。

そこで、少年期に異質な仲間からなる集団活動に参加させることによって、社会規範を体得させ、心理的安定性、連帯感、協調性を培い、集団における役割遂行を通して責任感と義務感、相互の信頼感などを養うことが重要になる。とりわけ、異年齢者との接触が大切になる。

（4）中学生に自己決定の機会を与えること

小学生を対象とする少年教育は彼らを参加者として活動させるが、心理学上の青年前期にあたる中学生の場合には、「自主性」を培うことが重要になる。少年教育の指導者の多くは、プログラムを実施しても中学生がなかなか参加しないとぼやく。その種の活動や事業は、たいてい指導者が定めた既定プログラムに中学生を参加させるだけで、彼らの自発性を受け入れることができないからである。

中学生を既定プログラムに乗せるだけではなく、彼らをプログラムの立案作業に参画させ、あるいは指導的役割を与えながら、それを自らの活動だと実感させなければならない。その過程を通して、自発性を培い、次の発達課題である主体性の獲得のために備えることができる。

3　青年教育の課題

従来、青年教育は学校教育の補完として機能してきた。戦前、上級学校に進学しない大多数の青年のための教育機関であった青年学校は行政上社会教育に位置づけられていた。戦後の青年学級は主として高等学校に進まない勤労青年の余暇活用や家庭生活の準備を目的に展開されていた。しかし、今日の青年教育は在学青年をも対象範囲に含み、学校教育とは異なる独自の教育的意義が認識されるようになった。

高校生以上を対象にする青年教育は、彼らの青年期の発達上の課題である「主体性」や「自己同一性」の獲得を目指す営みである。むろん、社会生活への準備もその課題に含まれるが、より重要なのは主体性を培い、自己の確立を図ることなのである。この観点に立ちながら青年教育を捉えていくと、その課題は以下のような諸点にあると考えられる。

（1） 社会参加によって社会連帯意識の涵養を図ること

青年期中期以降になると、ある程度自律した生活設計を営むようになり、知的情緒的世界が広がり、社会への関心が増大し自己を新たに意識するようになるが、同時に自己に対する危機感や劣等感、挫折感を抱きやすくなる。青年たちに見られる不登校やニート現象は、まさに青年期のアイデンティティー・クライシスを一つの要因としている。

現在の青年にとって必要なのはまず、社会との繋がりをもつこと、つまり社会的存在として自己を意識し、自分の存在を社会的視野の中に位置づけることによって連帯意識を抱きながら、自己の危機や劣等感などアイデンティティー・クライシスを克服することである。そのためには、青年教育の一環としてボランティア活動や地域奉仕活動の機会を与えて、社会連帯意識を十分抱かせることが重要になる。

（2） 多様な分野にわたる活動機会を提供し、自己実現を援助すること

青年期には、これまでの狭い世界から広く社会へと世界観を発展させていくことが発達上大切だとされる。しかし、現実の青年たちの多くは学校や職場単位で行動する傾向にあるため、世界観が狭まり、自らの可能性を模索する機会が限られがちになる。

青年教育においては、文化・芸術、スポーツ、自然科学、社会科学、さらには国際問題や環境問題をはじめ幅広い領域に及ぶ諸活動の体験機会を、現在の帰属集団以外の場で提供することが必要である。そして、そうした諸活動を通して青年の自己実現を援助していくわけである。

（3） 社会生活への適応準備を図るとともに、社会的責任感を抱かせること

在学者にとっては職業生活への適応準備が、勤労者にとっては家庭生活に対する準備が、それぞれこの時期の課題になる。すなわち、経済的、社会的自立を図るための学習や訓練が必要になる。

青年教育においては、これら社会生活（成人生活）への適応準備を図るだけではなく、社会的役割を認識させることによって社会における自己の責任性を十分に自覚させることが求められる。

その他、青少年対策の観点からは青少年の非行防止という意義も指摘できる。多くの市区町村では青少年健全育成に関わる委員を委嘱し、地

域ぐるみの青少年対策活動を展開している。青少年対策地区委員会や青少年指導員などの委嘱指導者を市民に委嘱し、行政では行い難いきめ細かな青少年に対する諸活動を進めている。そのため、青少年対策を社会教育行政に位置づけるところも少なくない。

4　青少年教育の問題点と改善方向

　現在の青少年教育事業には、人が集まらない、集まっても小学生低学年くらいだと言われる。青年団体の活動も、とりわけ都市部では衰退気味である。この原因はどこにあるのだろうか。

　第一に、学校教育偏重の風潮がもたらす受験体制の影響が強く及んでいることである。受験勉強に忙しい青少年にとって社会教育は時間を消費する煩わしい存在にしか受けとめられていないからである。特に学習塾への通塾は、青少年事業への参加にブレーキをかけている。

　したがって、今後の青少年教育の検討課題は、いかにその意義を保護者など関係者にアピールし青少年に社会教育のよさを体感させていくかにあると考えられる。そのためにも、学校との実質的な連携が重要なことは言うまでもない。

　第二に、青少年の地域離れが進行したことも、青少年教育にマイナス影響を及ぼした。青少年教育は地域を基盤に展開されるため、活動圏域の広い現代青少年の生活様式に馴染みにくくなってきているのである。

　そこで、青少年教育は一層の広域的視野から推進される必要があり、そのためには市町村相互の連携協力が重要になる。たとえば、他の市町村の在住・在勤・在学者をも事業に受け入れること、広域的な団体に対しても施設利用を認めるなど市区町村が便宜を図ること、地域間の団体交流を促進することなどが改善方策になろう。

　第三に、文化の急速な発展が青少年教育にもマイナス影響を及ぼしていることである。遊びやファッションをキーワードとする都会的流行やレジャーを志向する現代青少年にとって、青少年教育の内容はもはや「ダサイ」もの以外に感じられないからである。

　現在の青少年教育や団体活動の内容を見ると、時代遅れを感じさせるものがあると言われても仕方がない。子ども会では、手作りおもちゃ、ペープサート、童謡、ゴミ拾いと清掃などがいまだに多く、冒険的活動は安全上の理由から制限され、学校の活動となんら変わらないものばか

りを実施しているところが多い。青年団体自体も流行からとり残され、現代青年を魅了するものが多くない。

　伝統的な青少年教育のプログラムは教育的観点から見れば優れていると言えるが、これでは青少年にとって魅力的とは感じられないかもしれない。社会教育が青少年を引き付けていくためには、新しいプログラムの開発が急務になる。この意味からも青少年教育の革新が求められる。

第3節　成人教育

1　成人教育の特徴

　成人教育は単に「成人を対象にした教育」に止まらず、独自の課題や方法があると言われる。成人教育研究で名高いノールズ（M.S.Knowles）は、子どもを対象にした教育がペダゴジー（pedagogy）であるのに対して、成人の教育をアンドラゴジー（andragogy）と呼び、ペダゴジーとは異なるその独自のあり方を示した。ノールズによれば、ペダゴジーとは「子どもを教える技術と科学」のことであり、アンドラゴジーは「成人の学習を援助する技術と科学」だと定義される[*2]。

　そして、子どもの学習は教師への依存的な形で行われるが、成人の学習は自己決定的に行われると言うのである。しかし、成人においてもペダゴジー的な方法が有効なこともあり、反対に子どもの学習においてもアンドラゴジー的方法を用いることもできると述べている。ただし、少なくともアンドラゴジーは伝統的なペダゴジーとは異なる以下のような四つの考え方から成り立つものと整理している[*3]。

①自己概念は、依存的なパーソナリティのものから、自己決定的な人間のものになっていく。
②人は経験をますます蓄積するようになるが、これが学習へのきわめて豊かな資源になっていく。
③学習へのレディネス（準備状態）は、ますます社会的役割の発達課題に向けられていく。
④時間的見通しは、知識の後になってからの応用というものから応用の即

• 表 11-1　ペダゴジーとアンドラゴジーの考え方の比較

項　目	ペダゴジー	アンドラゴジー
学習者の概念	学習者は教師に依存的。	依存的な状態から自己決定的でありたいというニーズをもつようになる。
学習者の経験の役割	学習者の経験はあまり価値が置かれず、教育は伝達的手法で行われる。	豊かな経験を学習資源とし、経験から得た学習に一層の味づけをする。教育の基本的手法は経験的手法である。
学習へのレディネス	学ぶべきだということをすべて学習しようとする。したがって、学習は画一的になる。	現実生活の課題や問題にうまく対処する必要性を感じたときに学習しようとする。学習プログラムは生活への応用という点から組み立てられる。
学習への方向づけ	教科中心の学習であるから、学習者が学習したことは人生の後になってから有用になる。	学習者は、今日得た知識や技術を、明日、より効果的に応用できるよう望む。

(注) 本表は、マルカム・ノールズ著、堀薫夫・三輪建二監訳『成人教育の現代的実践』(鳳書房、平成 14 年) p.39 に掲載されている表を、筆者が要約したものである。

┃　時性へ変化していく。

　もう少し詳しく説明すると、上の表 11-1 のように示される。要するに、アンドラゴジーは、自己決定的な態様を基本にして、学習者の有する経験を生かすような方法によって、生活への応用を目指し、獲得した知識・技術を実生活に即応用可能とするような教育だと言ってよいだろう。
　そうした観点を重視する学習は自己決定学習ないし自己管理型学習などと呼ばれ、主として成人教育において採り入れられている。成人の教育課題を理解する上で、アンドラゴジーの考え方はきわめて参考になる。

2　成人教育の課題

　女性や高齢者の教育を含めた成人教育は、以下のような課題をもつ。

(1) 学習活動に成人のもつ職業経験、生活経験、学習経験などを

生かすこと

　成人の学習者は一定の職業・生活・学習経験をすでに身に付けているので、成人教育においてはそれら経験を生かした学習活動が重要である。学習者自身は自らの経験を拠り所とする興味関心から学習に臨むので、目的意識が明確になり、学習成果が得られやすい。指導者は相手が成人であるため、子どもに教えるような指導法とは異なる姿勢をもつことが大切になる。

　成人教育はこうした学習者の諸経験に根ざした学習活動が展開されるという独自の意義と方法（アンドラゴジーなど）をもっている。

（2）成人が直面している現在の課題解決に迫ること

　子どもを対象にした教育がその将来への準備という色彩をもつのに対して、すでに社会で活躍している成人の教育は、現在彼らが当面する課題解決を目標とする営みだと言われてきた。つまり、現実的な課題を学習面から解決していくところに、成人教育の大きな意義ないしは特色がある。さらに、現代社会においては、生涯教育の背景として指摘されるように、技術革新、高度情報化、国際化など急激な社会的変化への適応という今日的課題も成人教育に課されている。

（3）多様な学習によって自己実現を図ること

　成人教育は、国民・市民としての自覚と理解を促し、自己の能力や資質を最大限に発揮し、自己実現に資することを究極目的に据えている。

　したがって、現在のわが国成人教育には以下の学習内容が考えられる。

①社会人や地域住民として必要な内容……政治経済、時事問題、地域理解、国際理解、人権問題など。

②職業生活に必要な内容……職業に関する知識・技術（簿記、語学・外国語会話、コンピュータ処理等）、社会心理、職場の人間関係理解、職場のマナーなど。

③家庭生活に必要な内容……家庭教育・育児、児童心理、料理、着付けなど。

④余暇の活用と自己実現のための内容……教養（文学、歴史、哲学、自然科学、芸術鑑賞等）、趣味（俳句、手工芸、絵画、茶華道、書道等）など。

⑤健康の維持・向上のための内容……健康管理と病気予防、レクリエーション、スポーツ、健康体操など。

これら諸課題が具体化され、学級・講座、教室、自主団体など様々な学習形態により施設や地域で取り組まれている。

3　成人教育の問題点と改善方向

　成人教育は今日の社会教育や生涯学習の主眼とも言える領域であるが、これまでいくつかの問題点が指摘されてきた。

　社会教育関係者や住民からは、「どこの学級・講座を覗いてみても、高齢者と中年女性ばかりで、壮年期の男性や若い女性の姿がなかなか見られない」という声が聞こえてくる。

　このような成人教育の問題点に応えていくためには、今後どのような改善の方向が考えられるだろうか。

(1)　壮年男性および勤労者の教育機会を充実すること

　実際、各種学習事業の開設時間を見ると、午後5時以降のものは約11.1％、土日実施のものが21.6％程度で、6割以上は平日の午前か午後である。午後5時以降の場合でも、施設の閉館時間や職員の勤務時間との関係から、午後8時以降に開設される事業はまずないと言える。これでは昼間働いている男女は学習事業に参加したくとも参加困難である。

　生涯学習社会といわれつつある今日、社会教育や生涯学習の機会を住民全体に平等に提供していくためには、勤労者が積極的に参加を希望するような内容を企画し、あるいは参加可能な時間帯に講座開設を行うなど、これからは勤労者の教育機会の充実が求められる。

(2)　学習の高度化と多様化に対応すること

　これまでにも数々の関係答申で指摘されてきたように、学習需要の高まりは学習の高度化と多様化を招いた。しかし、これまでの学習プログラムは、とかく初心者対象の「入門」的内容だけを取り上げ、それ以上の学習を望む層を念頭に置くことは稀であった。これでは高度な学習を望む成人層のニーズに十分応えることができない。

　こうした学習内容や学習方法の高度化と多様化にいかに応えていくかは、今後、特に成人教育事業において重点的に検討されるべき課題になる。

(3) 必要課題の工夫、改善を図ること

社会教育や生涯学習の学習課題は、学習者が希望する要求課題と主催者が学習者に望む必要課題とに分けられる。

要求課題は、学習者の関心も高く、参加者は集まりやすいが、必要課題は人権問題や市民意識の涵養をねらいとするものが多く、一般的な学習者の関心が低く、講座参加者を集めにくい。

そのため、事業担当者は人の集まりにくい必要課題をどうしても手控えてしまい、そうした課題に取り組む団体活動は先細りになりがちである。

しかし、社会教育や生涯学習の使命を考えれば、要求課題ばかりでなく、必要課題の学習を充実させる必要がある。その充実を図るために、魅力ある講師の起用やプログラムの工夫（人気のある歴史や文学と関係づけるなど）に配慮するなどのプログラムや運営の工夫が必要である。

第4節　高齢者教育

1　高齢化社会の到来と生涯学習

社会教育においては65歳以上を高齢者教室の対象とする事例も見られるが、60歳以上を高齢者とするのが通例である。

「高齢化社会」の到来が叫ばれて久しいが、国連指標によれば全人口に占める65歳以上の人口の割合が7%を超えた社会のことをそう呼んでいる。令和4（2022）年9月現在、わが国のその率は29.1%となり、高齢者人口とともに過去最高に達している[*5]ことから、今日では「高齢化」ではなく、「高齢社会」と言われている。

今後、高齢者人口は増え続け、令和22（2040）年には65歳以上人口は35.3%に達すると推計されている。このような高齢者に対しては健康の維持を図るために成人教育の果たす役割が益々重要になる。

従来、高齢者とは、人生の終期にあたり、発達が停滞、衰退した存在だと捉えられ、社会からは慰労や敬愛、保護の対象と見られてきた。しかし、最近の心理学や教育学の研究は、高齢期を単なる衰退期だとするこれまでの伝統的な考え方を否定し、成長・発達し続ける存在だと改めて認識するようになった。これと同時に、老年期を学際的に明らかにし

ようとする老年学（ジェロントロジー）への取り組みが進展し、その成果が教育界にも影響を及ぼしている。

　そうした背景の中から、高齢者の教育学を意味する老年教育学（Gerontorogical Education）という新しい概念が誕生した。それは、①一般市民対象の、加齢（aging）の過程や高齢期の生活についての教育、②成人教育のうち、高齢者を主な対象者とする部分、③前記①と②の指導者（になる人）のための専門教育、の三領域に大別でき、生涯学習の観点からその成果が注目されるところである。[*6]

2　高齢者教育の課題

　高齢者は、他の世代に比べて多くの自由時間をもっているため、学習活動も盛んである。実際に、公民館等を訪れても高齢者の姿が多いことに気づく。このような高齢者の学習には、次のような課題が指摘できる。

（1）学習の純粋な楽しさを追求すること
　一般成人の教育が生活上直面する必要性を動機として行われることが多いのに対して、高齢者の場合には、職業から離れ、子育てを終えるなど、当面の課題から自由な立場で学習に取り組むことができる。「60の手習い」と言われるように、第二の人生を自分の好きな活動に専念する

▪ 図 11-3　高齢者人口及び割合の推移（1950 年〜 2040 年）

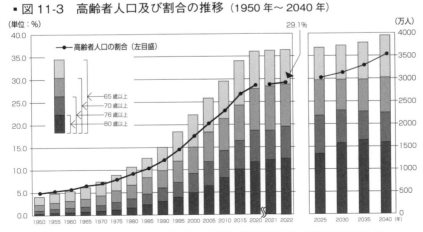

［資料］総務省統計局「統計からみた我が国の高齢者（65 歳以上）」令和 4 年 9 月より。

学習であるところに高齢者教育の大きな特質がある。その意味で、他から強要されたり、必要に駆られて行うのではなく、自発的な学習動機に基づいて、純粋にその楽しさを味わう学習だと言える。

（2）世代間交流と社会参加を促進すること

　高齢者は年をとるにつれ、行動範囲が狭くなり、人間関係も限られ、社会的に孤立しがちになる。この孤立化に陥らないために、高齢者が社会参加によって自己を表現し、他の世代、特に若い世代と交流を深めることが大切である。高齢者の学習は、学習自体の成果のみならず、人間関係の拡大と深化を図ることも課題になる。

（3）学習を通して長年の経験を生かすこと

　高齢者が日常生活や職業を通して身に付けてきた生活の知恵や専門的知識・技術を広く地域社会に伝え、生かすことが重要である。この意味で、高齢者を教育対象に据えるだけでなく、その経験が生かされるように指導的人材として活用することも重要である。高齢者教育は学習によってその経験を深めるだけでなく、その成果を広く社会に生かしていくところにも意義と課題がある。

3　高齢者教育の問題点と改善方向

　高齢期になるほど、心身が衰え、それとともに行動範囲がおのずと限られてくるが、なかには高齢を感じさせないほど、心身に活気の満ちた高齢者も見られる。現実の高齢者教育事業に参加できるのは、どちらかと言えば心身ともに活気のある人が多いはずである。したがって、活発な人ほど学習活動への参加を通して心身のリフレッシュを図っていけるが、そうでない人は学習活動から一層遠ざかり、そのリフレッシュの機会を逃しがちだと言える。

　このように学習を行う人と行わない人との格差が現れてくることは高齢者教育においても大きな問題だと言えよう。今後の高齢者教育に求められる重要な課題は、自宅に閉じこもりがちな高齢者に対する教育援助を行い、公民館分館や町内会館など単位の小さい地域施設を利用した事業の展開を進めるなど、きめ細かな配慮によって、そうした両者間の教育機会の格差を縮めていくことにある。そのためにも、教育委員会と高

齢者福祉関係部局や地域振興関係部局などとの連携が一層重要になる。

第5節　女性教育

1　女性教育とは何か

　女性教育とは、「婦人が、その自発的な学習意欲に基づき、豊かな人間性を培うとともに、市民・主婦・母親または就労婦人として、その資質や能力を向上させるために行う各種の学習を高める活動」だと言われる（文部省通知「市町村が開設する婦人学級について」昭和47年）。かつてこのような女性対象の社会教育は婦人教育と呼ばれたが、昨今は女性教育と呼ばれるようになった。女性教育は一般的には成人女性を対象にするが、女性教育の特質は、女性が直面する特有の問題を取り上げるところにある。たとえば、家庭生活や家庭教育に関わる問題、職業生活上の課題、女性の社会的自立、男女共同参画社会などを学習課題とする例が多い。近年では、あらゆる学問分野を女性の視点で見なおそうとする女性学（Woman's Studies）の寄与も大きく、男女共同参画の視点を採り入れた教育が重視されてきている。

　また、とかく家庭生活や家事などに拘束されやすく、視野が狭くなりがちな家庭女性に対しては趣味や教養の向上に関する学習を通して、自己実現を図るとともに、人間関係を広げ、深めていくところにも女性教育の特質がある。

2　女性教育の課題

　女性教育の対象は、結婚前の若い女性、既婚女性、育児期にある女性、勤労女性、高齢期の女性などに分けられる。また、男女共同参画社会の実現などをテーマにする場合には、男性を対象に含める事業の事例も見られる。その課題はおおよそ以下のように分けて考えられる。

（1）男女共同参画への意識改革を促すこと
「男は仕事で女は家庭」だとするわが国の伝統的な性別役割分業の考

え方を変えていくために、男女共同参画の理念を尊重する意識と態度を培うことが重要である。内閣府の「男女共同参画社会に関する世論調査」（令和元（2019）年実施[*7]）によれば、「夫は外で働き、妻は家庭を守るべきである」という考え方について、全体の7.5%が「賛成」だと回答している。「どちらかといえば賛成」（27.5%）を合わせても35%に過ぎない。22年前と比較すると、その数は約13ポイントも減少してきており、性別役割分担意識はかなり弱まってきている。政策的には、国連の「女子差別条約撤廃条約」（わが国では、昭和60〈1985〉年に批准している）の採択や男女雇用機会均等法施行規則の制定（昭和60年制定、61年施行）、そして男女共同参画社会基本法の制定（平成11年）など女性をめぐる新たな動向により、男女の平等を制度的に実現していこうとする気運が高まってきている。

　このような男女平等をめぐる意識を変革するためには、まず女性自身が意識を変え、その社会参加を促進するとともに、男性側も女性の人権を尊重していく意識・態度を培い、男女が平等に参加できる男女共同参画型社会の構築を目指すことが大きな課題になる。

　この男女共同参画社会とは、以下のように定義される（男女共同参画社会基本法第2条より）。

> 男女が、社会の対等な構成員として、自らの意思によって社会のあらゆる分野における活動に参画する機会が確保され、もって男女が均等に政治的、経済的、社会的及び文化的利益を享受することができ、かつ、共に責任を担うべき社会。

（2）育児期の女性に対して家庭教育の学習機会を提供すること

　子どもをもつ女性にとって、家庭教育に関する問題は最も身近で重要な学習課題である。とりわけ、三世代家庭が減少しつつある今日、現実に多くの母親は育児に関する知識・技術を学習によって獲得しなければならない状況に置かれている。

　むろん、育児・家庭教育に果たす父親の役割も必要だが、現状においては、家庭教育が女性教育における重要な学習課題として位置づけられているが、そうした役割分担を改めていく必要性から、一部には父親をも対象にした家庭教育事業も試みられている。

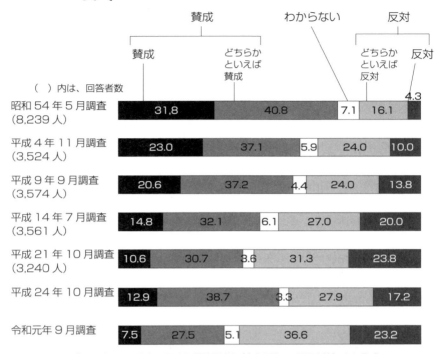

▪ 図 11-4 「夫は外で働き、妻は家庭を守るべきである」という考え方について

[資料] 内閣府『男女共同参画社会に関する世論調査』（令和元年9月調査等）より作成。

(3) 女性の社会参加と社会的自立を促進すること

　特に家庭に閉じこもりがちな専業主婦に対して、社会参加の機会と社会的な自立を促すための学習が大きな意味をもつ。一般的に専業主婦は職業をもっている主婦に比べて、家事や育児など家庭内のことに生きがいを感じやすい傾向にある。こうした専業主婦に対してはボランティア活動など社会参加を促し、あるいは再就職準備を目標とした学習などが目標になろう。勤労女性に対しても社会参加を通した地域社会との連帯意識を培うことが大切である。

(4) 独身女性の結婚問題学習

　特に、独身女性を対象にして、近い将来の問題となる結婚を考える学

習もこの分野の課題になる。家事や家庭経営の単なる知識・技術を学ぶだけではなく、結婚生活という営みのあり方や結婚を通して男女の共生がいかにあるべきかなどを学習するところに意義がある。

3　女性教育の問題点と改善方向

女性教育事業に固有の課題には、専業主婦と勤労女性との断絶をどうなくしていくか、育児期の女性の学習行動を促すためにどう援助していくか、そして若い女性の学習参加をどう促すか、などが考えられる。

（1）専業主婦と勤労女性の交流促進

女性教育事業の多くは午前ないしは午後の早い時間帯に実施されるため、参加者は専業主婦によって占められがちである。一方、勤労女性も対象にする講座は、必然的に夜間や休日に開設され、専業主婦が参加しにくくなる。同じ女性であっても、両者が同時に学習する機会が少なく、性別役割分担意識に関しても、その両者間の意識上の断絶をなかなか縮めることが難しい。

そこで、専業主婦と勤労女性とがともに参加できる事業の計画が今後の社会教育や生涯学習施策に求められる課題になる。

（2）育児期にある女性の参加を促す条件整備

小さい子どもをもつ女性にとって家庭教育の学習は重要な学習課題の一つになる。しかし、その子どもの存在自体が学習行動を阻害する要因にもなる。たとえば、国立教育研究所の調査は、学習実施率と学習要求率の男女別傾向を小さい子ども（小学校3年位まで）の有無別に明らかにしている。その結果、学習要求率に著しい性別差や子どもの有無による差異はないものの、学習経験率に関しては、子どもがいる者より子どもをもたない者の方が高い数値を示し、特にその傾向は女性で著しい。すなわち、「育児期にある女性は、そうでない女性よりも同程度の学習要求をもちながら実際の学習の実現ではかなり阻害されている[8]」のである。

そこで、学級・講座に育児期にある女性が不安なく参加できる条件の整備をより充実させていくことが必要になる。現在、特定の事業で実施されている保育（託児）付き事業の充実や公民館における保育室の整備は喫緊の施策課題だと言えよう。

（3）若い女性の学習参加の促進

　男女共同参画に関する学習は、中高年女性ばかりでなく、とりわけ若い女性の参加が重要である。最近は「ウィメンズ・カレッジ」や「女性セミナー」など若い女性をも意識した学習プログラムが増えている。

　こうした事業を含めて、今後は学習内容や学習方法の改善を図り、若い女性の学習参加を促すような工夫が望まれる。

　さて、発達段階によってその学習課題も異なるが、特に成人については学習参加を阻害する要因が強く働いている。学習阻害要因には「自分で統制できないものと、自分に帰するもの」に大別され、前者には学習機会がなかったり、託児がなかったりする場合を指す。後者には学習に対する心理的抵抗感や学習意欲の低さなどがある。特に成人には日常の勤務や育児によって学習機会が得にくい傾向にある。したがって、自分で統制できない阻害要因をいかに解消していくかが課題になるだろう。

【註】
＊１　ハヴィガースト著、荘司雅子訳『人間の発達課題と教育──幼年期より老年期まで』牧書店、昭和 33 年。
＊２　マルカム・ノールズ著、堀薫夫・三輪建二監訳『成人教育の現代的実践─ペタゴジーからアンドラゴジーへ』鳳書房、平成 14 年、p. 38。
＊３　同書、p. 40。
＊４　文部科学省『令和３年度社会教育調査（中間報告）』における教育委員会や施設の社会教育事業の場合。
＊５　総務省統計局「統計からみた我が国の高齢者（65 歳以上）」令和４年９月 15 日。
＊６　野島正也「高齢者教育」日本生涯教育学会編『生涯学習事典』東京書籍、平成４年、p. 192。
＊７　内閣府『男女共同参画社会に関する世論調査』令和元年。
＊８　国立教育研究所内生涯学習研究会編『生涯学習の研究（上巻）』エムティ出版、平成５年、p. 97。
＊９　岩崎久美子『成人の発達と学習』放送大学教育振興会、令和元年、P.100。
【その他参考文献】
◦生涯学習研究部『生涯学習化社会の現状』国立教育研究所、平成５年。
◦木原孝博・三浦清一郎編『生涯各期の人間理解と学習活動（生涯学習講座６）』第一法規出版、平成元年。
◦香川正弘・鈴木眞理・永井健夫編著『よくわかる生涯学習・改訂版』ミネルヴァ書房、平成 28 年。
◦堀薫夫『生涯発達と生涯学習［第２版］』ミネルヴァ書房、平成 30 年。

第12章　生涯学習と社会教育をめぐる課題

　今日、社会教育をめぐる様々な改革が進んでいる。これら改革は当然、生涯学習にも関わるものである。全般的に見ると、社会教育は生涯学習施策の進展に従って、その存在意義を弱める方向で改革がされてきている。公民館が市民施設に移管された例が見られるように、社会教育は、生涯学習施策の中に吸収され、同質化されるような形で改革が図られ、アイデンティティーを喪失しかねない状況に置かれるようになったのである。そこで、最後に、社会教育施策の主な改革動向を取り上げながら、生涯学習と社会教育をめぐる課題をいくつか論じてみることにする。

第1節　地域と学校の連携・協働の推進

1　「地域とともにある学校づくり」と生涯学習

　文部科学省は「地域とともにある学校づくり」を推進し、地域学校協働本部、放課後子ども教室、コミュニティ・スクール、地域未来塾などの事業を推進している。これら社会教育事業にはコミュニティ・スクールのように学校教育施策と関連づけられているが、生涯学習施策も関わることになる。

　近年、「社会に開かれた教育課程」の視点からも学校と地域の連携・協働が推進されている。この「社会に開かれた教育課程」は、「社会の変化に目を向け、教育が普遍的に目指す根幹を堅持しつつ、社会の変化を柔軟に受け止めていく「社会に開かれた教育課程」としての役割が期待されている」（文部科学省HPより）のである。この要点として以下のことが指摘されている。

　(1)よりよい学校教育を通じてよりよい社会を創るという目標を持ち、

教育課程を介してその目標を社会と共有していくこと。

(2) 子供たちが、社会や世界に向き合い関わり自らの人生を切り拓いていくために求められる資質・能力とは何かを、教育課程において明確化し育んでいくこと。

(3) 教育課程の実施に当たって、地域の人的・物的資源を活用したり、放課後や土曜日等を活用した社会教育との連携を図ったりし、学校教育を学校内に閉じずに、その目指すところを社会と共有・連携しながら実現させること。（文部科学省 HP より）

すなわち、この考え方は、教育課程を軸にして学校と地域・生涯学習が協働するという方向性を有するものであり、従来以上に学校教育に生涯学習が強く関わることを期待しているのである。

2　地域学校協働本部

地域学校協働活動についてはすでに本書の第 4 章でも述べたところであるが、地域学校協働本部はその活動をコーディネートするために、従来の学校支援地域本部を発展させた仕組みとしてに平成 29（2017）年度から開始された文部科学省の社会教育事業である。国庫補助事業として市町村が実施主体になり、国が 1/3 を補助し、都道府県・市町村もそれぞれ 1/3 ずつ予算を負担することとされている。

この本部は、「従来の学校支援地域本部等の地域と学校の連携体制を基盤として、より多くのより幅広い層の地域住民、団体等が参画し、緩やかなネットワークを形成することにより、地域学校協働活動を推進する体制」（文部科学省『地域学校協働活動の推進に向けたガイドライン－参考の手引』より）だと定義される。

地域学校協働本部では、双方向の「連携・協働」を推進し、「総合化・ネットワーク化」に発展させるために、①コーディネート機能、②多様な活動（より多くの地域住民等の参画による多様な地域学校協働活動の実施）、③継続的な活動（地域学校協働活動の継続的・安定的実施）という 3 要素が必須とされる。従来、個別に実施されていた連携活動を総合化・ネットワーク化を進めて、コーディネート機能を充実させることによって、活動の多様化を図り、活動を継続的に取り組めるようにしようとする仕組みである。そのため、教育委員会には総括コーディネーターが設置され、この総括の下に、各本部には地域コーディネーターが配置されて、実際

のコーディネートを担うことになる（図12-1は東京都港区の例）。

図12-1　地域学校協働本部の仕組み例

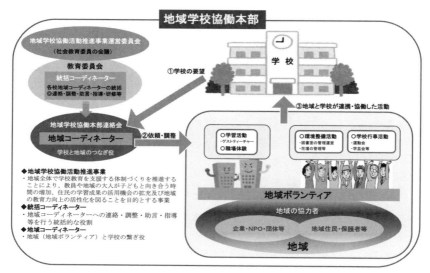

　地域学校協働活動は国の補助事業であるが、各地に自治体独自の類似の仕組みを設置し、地域学校協働活動に取り組んでいる例は少なくない。この地域学校協働活動は学校支援に加えて、冒頭に述べたような放課後子ども教室や地域未来塾のほかに、地域活動や家庭教育支援など学校と地域が連携・協働することによって高い成果が期待される幅広い活動を包含する活動になる。ようは、「学校支援」から「連携・協働」へと活動を発展させた概念なのである。近年、コミュニティ・スクール（学校運営協議会を設置する公立学校）との一体的な運営が求められている。

3　コミュニティ・スクール

　現在、文部科学省が推進しているコミュニティ・スクールとは、地方教育行政の組織及び運営に関する法律に基づいて学校運営協議会を設置する公立学校（大学等を除く）のことを言う。保護者や地域住民など学校外の利害関係者等による学校運営参画の仕組みとして平成16（2004）年の同法改正によって創設された制度である。学校運営協議会は、①校

長が作成した学校運営に関する基本方針（教育課程や目標など）を承認すること、②学校運営に関する意見を教育委員会や校長に申し出ること、③教職員の任用に関して任命権者である教育委員会（都道府県・政令市教育委員会）に意見申し出ること、という3つの権限・機能を有する。

学校運営協議会は協議組織ではあるが、創設時から学校支援活動等に取り組んでいたことから、学校支援地域本部（現・地域学校協働本部）との連携や一体化が期待されるようになった。コミュニティ・スクールは学校教育に関わる制度で、地域学校協働本部は社会教育事業という違いはあるものの、学校と地域（社会教育）が連携・協働することによって子どもの健全育成や地域の活性化を推進することが生涯学習にとっても課題とされるようになった。

平成29（2017）年の法改正によって学校運営協議会の設置が教育委員会の努力義務に改められたためか、令和4（2022）年5月1日現在、コミュニティ・スクールは全国に15,221校にまで増加した。

4　放課後子供教室

放課後子供教室は、すべての子どもを対象として、放課後や週末等に小学校の余裕教室等を活用して、安全・安心な子どもの活動拠点（居場所）を設ける社会教育事業である。運営には地域住民等の参画を得て、勉強やスポーツ・文化芸術活動、住民との交流活動等の機会を提供することによって、子どもたちの社会性や豊かな人間性を涵養するとともに、地域コミュニティの活性化を図ることを目的としている。市町村が行う国の補助事業とされ、平成19（2007）年度から続いている。

この事業の前身は平成16（2008）年度から3年間実施された「地域子ども教室推進事業」である。これは、放課後に発生した児童に対する重大事件や青少年問題への対応として、放課後や土曜日等に子どもたちに居場所を提供する趣旨による。

その後、平成26（2014）年には、「次代を担う人材を育成し、加えて共働き家庭等が直面する「小1の壁」を打破する観点」に基づいて策定された「放課後子ども総合プラン」に基づいて、放課後児童クラブと放課後子供教室の一体的な実施を中心にして両事業の計画的な整備が進められた。2019（令和元）年には、「新・放課後子ども総合プラン」が策定され、放課後児童クラブ（学童保育）を拡充して待機児童解消を目指し、

また放課後児童クラブと放課後子供教室との一体化を推進することになる。

この事業は文部科学省と厚生労働省によって実施され、教育と福祉の両分野が関わることになる。なお、児童福祉事業であるクラブと教育事業である子ども教室との一体化がもたらす問題も指摘される。たとえば、クラブでは登録児童に対して「おやつ」を与えるが、教室の児童にはそれがなく、一時的に別扱いされるなどの問題点などがある。

実際の放課後子供教室では、学校（余裕教室や体育館等）や公民館などを用いて、コーディネーターが関係機関や人材と連絡調整を図り、学習アドバイザーによって教科学習や文化芸術等の体験、異年齢者との交流、剣玉や手芸などの遊びの指導が行われている。

5 地域未来塾

地域未来塾とは、学習の遅れがちな中学生・高校生等を対象にして、放課後や土曜日・夏休み等に、学校の空き教室や図書室、公民館等を用いて、退職教員や大学生等の学習支援員等の協力により、原則無料で学習支援を実施する事業のことである。特に貧困等の理由により通塾困難な児童生徒に補習を行うことにより、貧困格差の解消も企図されている。国策の開始年度は平成 27（2015）年度であるが、自治体によってその年度は異なる。

学習内容は実施自治体によって異なるが、予習・復習・補充学習、学習アプリ等の活用による学習、英語学習、英検・数検等検定試験対策、定期考査前の集中プログラム、さらに大学生等による進路相談などが実施されている。また、小学生を対象にしたり、外国籍児童生徒を重点にしたりする取組みも見られる。国は令和元（2019）年度までは全国 5000中学校区に広げるという目標を掲げているが、平成 30（2018）年の 11月現在、約 3000 カ所にとどまる。

6 今後の展開

以上のように、社会教育と学校教育はそれぞれ固有の施策を展開するにとどまらず、両者の連携・協働による活動も重視されるようになった。特に、学校教職員の働き方改革の視点からは、学校の業務を、①基本的

には学校以外が担うべき業務、②学校の業務だが、必ずしも教師が担う必要のない業務、③教師の業務だが、負担軽減が可能な業務という3つの区分で見直すよう提言されている（中教審答申「新しい時代の教育に向けた持続可能な学校指導・運営体制の構築のための学校における働き方改革に関する総合的な方策について」2019（平成31）年1月）。

　以上のうち①と②については地域ボランティアの活用が期待されている。しかし、教職員の負担軽減のために、安価な労働力として地域ボランティアを活用することには問題がある。ボランティア活動はあくまでも自主的活動であり、生涯学習の視点からはその活動が自身にとっても教育的意味を有するものであるべきだからである。

第2節　社会教育行政の一般行政化

1　社会教育行政の一般行政化の動向

（1）出雲市の例

　まず、注目されるのは社会教育行政の一般行政化（首長部局への執行委任）という問題である。規制緩和の観点から教育委員会制度改革が進められ、一部の地方公共団体では社会教育行政を首長部局に執行委任する方向で改革を進めた。その最初の事例が島根県出雲市の改革である。

　出雲市は「教育委員会基本規則」を改め、平成13（2001）年4月1日から下記のように社会教育関係事務の一部を市長部局に補助執行させることとし、その結果、生涯学習担当課を廃止したのである（当時）。

> 地方自治法（昭和22年法律第67号）第180条の7の規定に基づき、教育委員会は、次に掲げる事務のうち、教育委員会の権限に属する事務を、市長部局の職員に補助執行させるものとする。
> ①芸術・文化（文化財に関することを含む。）に関すること。
> ②スポーツに関すること。
> ③出雲市地区コミュニティセンターの業務のうち生涯学習に関すること。

　具体的には市長部局の市民活動支援課に補助執行されたが、これら事

項に関する権限は教育委員会に残されている。このうち「コミュニティ
センターの業務のうち生涯学習に関すること」とは、社会教育に福祉や
市民活動などの事項を付加した業務のことを指す。コミュニティセン
ターはもともと公民館であったが、それら機能を付加するために社会教
育施設としての役割を維持しながらも名称変更がなされたのである。

　公民館は平成13（2001）年度に市長部局へ移管されたが、翌14年に
は公民館検討委員会の答申を受けて、コミュニティセンターになった。
その時、土・日・祝日も開館し、休館日を年末年始のみとし、市民利用
のニーズに応える運営方法に改められた。また、多様化する住民ニーズ
や地域課題に取り組むために、公民館業務の制限を撤廃したところであ
る。このことは市民ニーズに配慮した改革だと解することができるが、
公民館の教育機関としての性格を弱めてしまったのである。

（2）千代田区の例

　次に、東京都千代田区の改革がある。千代田区では、平成14（2002）
年度から、千代田区教育委員会の権限に属する事務の委任に関する規則
を改正して、区立社会教育会館、区立総合体育館の施設維持管理並びに
区立軽井沢少年自然の家（メレーズ軽井沢に限る。）の施設維持管理に関
することを事務委任した。同時に、「千代田区教育委員会の権限に属す
る事務の補助執行について（通達）」によって、下記のように区長部局職
員に補助執行をさせるよう定めた（当時）。

第1　補助執行事務
　区長の補助執行機関たる職員に次の事務を補助執行させる。
1　公共施設利用システムによる軽井沢少年自然の家、社会教育会館、教育
　研究所（公共利用に限る。）、小学校（和泉小学校目的外利用、麹町小学校・
　千代田小学校・昌平小学校コミュニティスクールに限る。）の利用申込の
　受付（使用料等の収納を含む。）に関すること。
2　社会教育主事に関すること。
3　社会教育委員に関すること。
4　社会教育団体育成補助金に関すること。
5　社会教育団体の指導・育成等に関すること。
6　1に規定するもののほか区立社会教育会館施設の利用手続に関するこ
　と。

7　体育指導委員に関すること。

8　学校開放に関すること。

9　スポーツ開放に関すること。

10　スポーツ関係団体に対する支援育成に関すること。

11　区立総合体育館施設の利用手続に関すること。

12　国、東京都等に対する各種調査、報告等に関すること。

13　区立こども園における保育で教育（学校教育法第77条に規定する保育のうちの教育）以外のものの実施に関すること。

　委任先は区長部局の区民生活部文化学習スポーツ課（現、地域振興部生涯学習・スポーツ課）である。この規程の中に明記されている「社会教育」に関する事務権限は教育委員会に残されたと言っても、教育委員会は事実上、学校教育委員会として機能することになった。その後、都内では足立区をはじめ多くの区で生涯学習部局を首長部局に移す傾向が見られるようになり、都以外の自治体でもこうした事態が進んできている。

2　教育委員会縮小論

　以上のほか、社会教育行政の一般行政化はいくつかの市町村にも波及している。

　そうした背景には、教育委員会の廃止・縮小を求める考え方があった。平成11（1999）年に社会経済生産性本部が「教育改革に関する報告書」の中で、学校教育に関する権限の学校への委譲とともに、社会教育・生涯学習に関する権限の民間委託を促し、教育委員会制度の廃止を提言したのに始まる。その後、平成13（2001）年に全国市長会が「学校教育と地域社会の連携強化に関する意見」の中でも、生涯学習に関しては政治的中立性の意味が特に見られないという考え方から首長部局の所管に移すべきだと提言した。その直後の同年4月1日から、島根県出雲市は、生涯学習関係事務の補助執行を行い、教育委員会機能を縮小させたのである。

　千代田区も含めて、そうした改革は首長によって強力に進められている。教育委員会廃止論を主張していた埼玉県志木市元市長の穂坂邦夫は、教育委員会制度が住民の意思が反映されているとは言い難く、また公民館活動と市民施設での活動が同じようだとして、その存在意義があまりないと指摘していた。[*1]

同元市長の主張もそうだが、これら教育委員会廃止論や縮小論は教育委員会の存在意義を政治的中立性のみにおいて捉える傾向がある。たとえば、前記の全国市長会の「意見」は、「社会人を対象とする生涯学習や芸術・文化、スポーツなど」の分野について、「教育の政治的中立性確保といった理由から特に教育委員会の所管とすべき強い事情があるとも考えられない」とし、教育委員会からの移管を求める。この考え方は、「社会人」が自立した存在であるから政治的影響力を受けにくく、したがって、そのための教育活動が教育行政の所管である必要がないという論理に支えられている。

3　一般行政化の問題点

　しかしながら、行政委員会としての教育委員会制度は単に政治的中立性確保を保証する仕組みに止まらず、執行機関の多元化の実現という考え方にも基づくのである。[*2]すなわち、首長への権力集中を防ぐために権限を様々な執行機関に分散させるという理念にも基づいているのである。

　また、社会人、つまり成人に対する教育は政治的中立性確保の対象にならないという考え方は、戦前までの成人教育が思想善導による国民の思想統制に果たした事実を全く忘れたものだと言える。このことは第2章で述べたとおりである。

　そうした状況のもとで中教審は、答申「新しい時代の義務教育を創造する」(平成17〈2005〉年)の中で、「教育委員会の所掌事務のうち、文化(文化財保護を除く)、スポーツ、生涯学習支援に関する事務(学校教育・社会教育に関するものを除く)は、地方自治体の判断により、首長が担当することを選択できるようにすることが適当である」と提言した。ここで首長部局に委ねる事務から、学校教育だけでなく社会教育も除いたのは、政治的中立性確保の観点から高く評価できるであろう。

　以上のように、政治的中立性の確保および首長権限の分散化(執行機関の多元化)の観点からも、社会教育行政の首長部局への安易な委任は望ましくないと言える。その安易な委任、つまり社会教育行政の一般行政化とは、比喩的に言えば、社会教育は「生涯学習」という着ぐるみを着せられてしまったため、人間(教育)としてではなく、ぬいぐるみと同様に扱おうとする論理なのである。そこに一般行政化の大きな問題点

がある。ただし、前述の中教審答申は、着ぐるみの中に人間（教育）がいることを改めて思い起こさせたのであった。

第3節　社会教育施設の市民施設化

1　公民館の名称変更と移管

　前出の出雲市は公民館をコミュニティセンターに衣替えし、千代田区の社会教育会館は生涯学習会館に名称変更したのみならず、完全に社会教育行政の手から離れてしまい指定管理者によって運営されるよう改革された。
　このように、社会教育施設、特に公民館等の集会施設が名称を変えられたり、市民施設に移管されるようになったことも社会教育のアイデンティティーに揺さぶりをかけている。むろん、この改革は社会教育行政の一般行政化のもとで進められているが、戦後蓄積されてきた公民館活動を否定するかのようである。

2　市民施設化の事例

（1）北九州市市民センターの例
　福岡県北九州市では63館あった公民館が平成17（2005）年1月1日から、市民福祉センター（63か所）とともに市民センターに改められ、市長部局の総務市民局（現、市民文化スポーツ局）に移管されている。市民センターは、「地域の自主的・主体的な地域づくり・まちづくり活動を育み、地域の連携を深め『自分たちのまちは自分たちの手で』作る各種地域活動の拠点施設」だとされる。
　この背景には、社会教育以外の目的、たとえば福祉や一般の市民活動などに対する利用制限を廃し、より広く施設を活用させようとする考え方があった。
　言い換えれば、公民館は社会教育施設であるため、社会教育以外の活動に利用しにくいという制約をもっていたことから、利用対象と利用目的の拡大を図るために名称変更と移管が行われたのである。

ただ、このケースでは、公民館時代に適用されていた社会教育関係団体の使用料無料という原則は引き継がれ、また公民館主催事業であった生涯学習市民講座や家庭教育学級などの学習事業は市民行政として、市民センターによって継続、実施されている。そして、中央公民館は生涯学習総合センターとして残され、従来の社会教育事業を継承している。ただし、これを契機に、館長が正職員から嘱託へと変更されたのである。

（2）大田区文化センターの例

　しかし、北九州市のように市民利用も考慮した改革ではなく、単なる行政の合理化から実施された施設改革の例も見られる。東京都大田区文化センターの例がそうである。大田区文化センターは行政改革の一環として、平成12（2000）年4月1日に教育委員会から首長部局の特別出張所に移管された。

　もともと文化センターは区内に11か所あり、教養講座を年間3期にわたって実施する他、青年教室など少なからぬ主催事業を行う、教育委員会社会教育課所管の公民館類似施設として区民の学習機会を提供していた。ところが、移管によって、実施されてきた学級・講座等の学習事業が全廃になり、全くの貸施設に変えられて、骨抜きにされたのである。

　結果として、同区には集会施設としての社会教育施設はなくなり、地域で学べる学級・講座等の学習機会がなくなってしまったのである。

　それ以前から、同区には区民センター7か所、区民会館、区民プラザなど区民施設は比較的多く設置されていた。運営方法は異なるが文化センターもこれに加わる形になり、いわゆるハコモノと呼ばれる施設は倍増した。そのこと自体は望ましいと言えるが、問題は学習事業の減少にある。文化センターの移管は財政的理由によるとは必ずしも言えない。なぜなら、その移管に先立つ平成10（1998）年12月に、買収した駅近くの至便な土地に、約1,500人収容の大ホールと小ホールをもつ大規模施設である区民ホールを、莫大な予算をかけて新設するなどしていたからである。要するに、首長が文化や生涯学習の基本的あり方に理解を示さず、ハコモノ建設だけにこだわった結果として、文化センターの区民施設化を進めたと解せられるのである。

3 市民施設化をめぐる問題点

　北九州市の例は、公民館のあり方を否定するような改革に見えるが、その機能を継承させたまま市民施設化している点を考慮すると、公民館機能の拡大だと捉えることができる。

　もともと公民館は社会教育施設ではあるが、「村の茶の間」として住民の交流の場を提供し、産業振興や福祉のための場としてもその役割が期待されていた。その後、公民館は次第に、社会教育のための施設として特化され、利用目的を社会教育などに限る傾向が強まった。そうなると、利用者にとっては公民館が利用しにくい施設になったようである。その意味では、その市民施設化による機能の拡大は否定すべきでない。ただ、公民館のまま、機能拡大を図る工夫も選択肢にあったかもしれない。

　しかし、大田区の例のように、社会教育施設を貸施設化するための市民施設化はどうだろうか。多くの地方公共団体では、生涯学習においては市民活動の支援こそが大事であるから、学習の場（貸施設）を充実させる方が望ましいと認識する傾向がある。学習動機の強い人の場合はそうだろうが、動機の低い人や弱い人の場合はそうではない。学習動機の低い人・弱い人には、学級・講座等の学習の機会を提供することがどうしても欠かせない。自主活動にまだ至らない人にとっては、学習プログラムへの参加の方が抵抗が少ないからである。

　したがって、貸施設化は、そうした学習動機の低い人・弱い人の社会教育活動や生涯学習活動の機会を奪うことにしかならないのである。さらに、市民施設化は一部地域では施設使用料の有料化と連動している場合も見られる。

第4節　社会教育施設使用料の有料化

1 使用料有料化の動き

　公民館等の公共施設使用料を有料化する市区町村の動きが一般化になった。その根拠とされるのが「受益者負担」の原則である。施設利用

者は一定の利益を得るから応分の対価として使用料を負担すべきだと言うのである。

　有料化問題は今から40年くらいも前にも議論されていた。行政改革に伴う社会教育行政の合理化を背景に、施設運営を外部に委託したり、施設使用料を有料化したりする動きが見られたのである。だが、その後のバブル景気の中で有料化問題は曖昧になったため、多くの市区町村は無料制を維持してきた。

　有料化が問題視された当時、その反対論者には施設利用者は学習の成果をボランティア活動等を通して地域社会に還元するから無料制を維持すべきだと主張した。換言すれば、無料制を維持するためには施設利用者は学習成果を地域社会に還元しなければならないと言うのである。

　そうした文脈の中で、公民館等の各種学級・講座から個人の利益に止まる趣味・けいこごとを排除し、人権や環境、教育など公共的課題を重点的に取り上げるべきだとする見解も登場した。[*3]

　現在、行財政事情の悪化により有料化問題が浸透したのである。しかも、行政だけでなく、一部の市民からも有料化は時代の流れだから当然だという意見が登場する。しかし、よく考えれば、今の時代は不景気の最中にあり、サラリーマンや公務員の給料が減額され、自営業の経営も四苦八苦の状態にある。こうした時代に有料化することが時宜にかなうものと言えるのだろうか。言うまでもなく、その「時代の流れ」とは受益者負担の導入を指している。

　参考までに全国公民館連合会で実施した調査[*4]によると、公民館の施設使用料の徴収を明記している館は81.9％、無料と明記しているのがわずか2.3％に過ぎない。ただし、全額免除規定のみあり13.5％、全額免除規定及び減額規定をともに設けている78.5％、減額免除のみあり3.5％のようである。社会教育関係団体等には減額ないしは免除している館が多くなっている。

2　受益者負担の誤解

　しかし、受益者負担は「利用者負担」のことではない。本来の意味での受益者負担の原則とは公共サービスによって利益を被るすべての人を対象にする。[*5]たとえば、鉄道の駅ができると、その利用者だけでなく、近隣の商店等が集客上の利益を受け、また駅周辺の地価が上がるので、

彼らも受益者になる。東海道新幹線の掛川駅が新設される際、市が市民に負担金を求めたのはまさに受益者負担の好例である。社会教育の場合はどうか。高齢者が公民館で学習活動を積極的に行えばそれだけ心身の健康が保たれ、結果として医療費の社会的負担が減少するであろうから、高齢者以外の市民にとっても利益になる。しかし、施設が有料化になれば高齢者の学習活動にブレーキがかかり、無料化のときよりも社会的負担は増すことが予想される。むろん、これは高齢者だけの問題に限らない。

　要するに、現在の受益者負担論は利用者負担論の域を出ず、施設利用者のみに負担を強いるものだと言えよう。料金や使用料の導入の是非はコスト論として、受益者負担論とは別に論じられなければならないのである。[*6]

3　有料化の問題点

　それでは、学習成果の社会還元に関する見解が適切だと言えるか。筆者は社会還元が結果として期待されるのは望ましいと考えるが、それを強要するような姿勢は否定されるべきだと思う。しかも、そのために趣味・けいこごとを排除する考え方は強く否定したい。むしろ趣味・けいこごとは社会還元や地域社会の活性化に発展しやすい。たとえば、学校支援ボランティアが学校で活躍するようになったが、そこではむしろ趣味・けいこごとに関する指導が期待されているのである。その意味では、趣味・けいこごとこそ、行政によって支援されなければならないはずである。

　そして、施設等が有料化になると、金銭の収受などに関わる職員の負担が増し、さらなる施設サービスの向上が求められてくる。たとえば、キャンセルの場合の使用料返還などに関わる煩わしさが増している施設もある。利用者の姿勢が協力的でなくなったという声も聞かれる。このように、その分、行政負担は増大しやすくなったのである。

　これまで、公民館の市民施設化を契機に、有料化を導入する例もある。その場合、社会還元論すら語られなくなる。金銭を支払っているのだから、施設利用の代償を求める根拠が失われるからである。

　社会教育施設の有料化を検討する場合、少なくとも以上のような点を無視してはならない。

第5節 社会教育施設の委託化・指定管理者制度

1 公共施設の委託化

　戦後、社会教育施設は教育委員会が直接管理する直営施設として運営されてきた。しかし、コミュニティセンターなど市民施設の管理運営が委託されるようになり、次第にその動きは社会教育施設にまで及んできたのである。

　コミュニティセンターは、昭和45年頃から各省庁の補助金によって主に農村部で設置され、後に都市部にも広がってきた。たとえば、昭和46（1971）年には、国土庁（当時）のコミュニティセンター事業が始まり、地域住民にとって最も身近な施設として小学校区単位程度に設置することが想定された。昭和50年頃になると、市町村でもコミュニティ計画が策定されると、住民参加による施設づくりが浸透し、施設運営が住民協議会などに委託されるようになる。

　そうした動きとは別に、昭和50年代中頃には第三セクター（行政でも、民間企業でもない、第三番目の組織）が設置されるようになり、この時期増加した文化・スポーツ施設の管理運営をそこに委託する施策が見られるようになった。社会教育施設関係の委託事例として、東京都の江東区文化センターが注目された。同文化センターは昭和57（1982）年に設置され、第三セクターである江東区文化コミュニティ財団によって管理運営される社会教育施設である。この施設は単なる委託施設ではなく、委託によって住民が利用しやすいよう大胆な運営の工夫がなされた。たとえば、開館は年中無休で、夜10時までである（現在は休館日あり）。当時として、年中無休は珍しく、夜10時まで開館という運営は今でも珍しい。要するに、江東区文化センターは、直営施設では行いにくいことを委託によって実現しようとした施設なのである。[*7] 現在、江東区文化コミュニティ財団は12か所の施設を管理運営している。

　その後、他の多くの地域でも社会教育施設の委託化が進められていったのである。

2　指定管理者制度の導入

　この頃から、行政改革のもとで民間委託が様々な分野に及び、社会教育施設関係でも「低コスト」の観点から窓口業務をはじめ、管理運営の委託化が進められるようになる。しかし、社会教育施設の委託については教育機関であることを理由に強い反発も見られたものの、結局、財政難を理由に、社会教育施設の委託も例外でないとされ、特に新規施設を中心に委託化が進められた。

　そして、最近は、指定管理者制度の導入が社会教育施設でも行われるようになった。指定管理者制度とは、地方公共団体が、公の施設の設置目的を効果的に達成するために必要があると認めるときに、当該地方公共団体が指定する法人やその他の団体に対して、その施設の管理を行わせる制度のことである。従来の管理委託では委託先や委託業務範囲に規制や制限があったことから、もっと民間のノウハウを生かすためにもNPOや民間企業も委託先に含めた制度として指定管理者制度が導入されたのである。この制度は、平成13年に発足した総合規制改革会議を中心に導入が求められていた。その結果、平成15（2003）年6月に地方自治法が一部改正され、従来の管理委託制度に代わって指定管理者制度の導入が定められたのである。

　平成30（2018）年度現在、指定管理者制度を導入している社会教育施設は、表12-1のとおりである。表によると、指定管理者の導入率が最も高い施設は青年の家などの青少年教育施設の41.2％で、次いで体育センターなど社会体育施設（公立）の40.7％となる。これに対して、公民館が1桁（9.2％）に止まっているのは、主催事業や専門機能の比重が高いため、すぐさま委託ができないからである。

3　社会教育施設委託化をめぐる課題

　指定管理者制度の目的は、①住民サービスの向上、②行政コストの縮減にあり、そのために民間ノウハウを活用しようと言うのである。ほとんどの地方公共団体が行政コストの縮減という現実的課題を抱えている以上、社会教育施設の委託化そのことを直ちに否定することはできない。ただ、住民サービスの低下につながるような形での安易な委託化は避けるべきである。

▪ 表 12-1　各種社会教育施設の指定管理者制度導入率　　　（単位：%）

施設名	公民館	公民館類似施設	図書館	博物館	博物館類似施設	青少年教育施設	女性教育施設	社会体育施設
平成 17 年	3.3	9.4	1.8	7.8	12.7	16.7	7.7	20.7
平成 23 年	7.9	22.0	10.6	12.5	23.5	37.5	23.5	35.4
平成 27 年	8.2	22.5	15.4	14.6	24.7	39.7	25.6	39.0
平成 30 年	9.2	24.5	18.8	15.8	24.8	41.2	27.1	40.7

（注）地方自治法の旧規定による管理委託を含む。

［資料］文部科学省『平成 17 年度　社会教育調査報告書』『平成 23 年度』『平成 27 年度』『平成 30 年度』同調査のデータより作成。

【註】

＊1　穂坂邦夫『教育委員会廃止論』弘文堂、平成 17 年、p.79 および p.159。

＊2　塩野宏『行政法Ⅲ』有斐閣、平成 7 年、p.145。

＊3　佐藤晴雄『生涯学習と社会教育のゆくえ』成文堂、平成 10 年、pp.91-92。ここでは、そうした論理を「社会還元論」と名付けて整理している。

＊4　公益社団法人全国公民館連合会『2018 年度全国公民館実態調査まとめ―地域社会に再定位する公民館』令和 3 年 3 月

＊5　仁連孝昭「受益者負担を考える――受益者負担問題とは何か」『住民と自治』自治体問題研究所、昭和 59 年、pp.36-38。

＊6　澤井勝「受益者負担金・原因者負担金」阿部齊・今村都南雄・寄本勝美編著『地方自治の現代用語（新版 第一次改訂版）』学陽書房、平成 12 年、pp.451-452。

＊7　恩田大進『" 生涯学習 " 体当たり実践記』下町タイムス社、平成元年、pp.39-54。

【その他参考文献】

＊佐藤晴雄『コミュニティ・スクール　増補改訂版――「地域とともにある学校づくり」の実現のために』エイデル研究所、令和元年。

＊佐藤晴雄『コミュニティ・スクールの成果と展望――スクール・ガバナンスとソーシャル・キャピタルとしての役割』ミネルヴァ書房、平成 29 年。

＊佐藤晴雄・佐々木英和『社会教育経営実践論』放送大学教育振興会、令和 4 年。

＊熊谷慎之輔・志々田まなみほか『地域学校協働のデザインとマネジメント』学文社、令和 3 年。

事 項 索 引

● 著者紹介

佐藤晴雄（さとう　はるお）

帝京大学教育学部長・教授　大阪大学大学院博士後期課程修了　博士（人間科学）大阪大学

現在、早稲田大学講師・放送大学客員教授を兼任。日本学習社会学会常任理事（元会長）。大阪大学・九州大学・筑波大学大学院の講師を歴任。

単著 『教職概論　第6次改訂版』学陽書房、2022年
　　　『生涯学習概論　第3次改訂版』学陽書房、2023年
　　　『学校を変える　地域が変わる』教育出版、2002年
　　　『生涯学習と社会教育のゆくえ』成文堂、1998年
　　　『学習事業成功の秘訣！研修・講座のつくりかた』東洋館出版社、2013年
　　　『コミュニティ・スクール―増補改訂版―』エイデル研究所、2019年
編著 『校長入門』『教頭・副校長入門』共に教育開発研究所、2011年
　　　『コミュニティ・スクールの全貌』風間書房、2018年
　　　『最新行政大事典―第3巻』ぎょうせい、2010年
　　　『学校支援ボランティア』教育出版、2005年
　　　『地域社会・家庭と結ぶ学校経営』東洋館出版社、1999年
共著 『学校と地域でつくる学びの未来』ぎょうせい、2001年
　　　『教育のリスクマネジメント』時事通信出版局、2013年
　　　『生徒指導と教育相談』エイデル研究所、1996年
　　　『教師をめざす人のための教育学』エイデル研究所、1986年
　　　『学校教育法実務総覧』エイデル研究所、2016年
監修 『新・教育法規「解体新書」ポータブル』東洋館出版社、2014年
　　　『地域連携で学校を問題ゼロにする』（中野区立沼袋小学校編）学事出版、2008年
　　　『「保護者力」養成マニュアル』時事通信出版局、2006年　ほか

生涯学習概論［第3次改訂版］

2007年5月15日　初版発行
2016年3月3日　第1次改訂版初版発行
2020年3月16日　第2次改訂版初版発行
2023年3月30日　第3次改訂版初版発行
2024年2月8日　2刷発行

著　者　佐藤晴雄

発行者　佐久間重嘉

発行所　学陽書房

〒102-0072　東京都千代田区飯田橋1-9-3
営業／電話　03-3261-1111　FAX　03-5211-3300
編集／電話　03-3261-1112　FAX　03-5211-3301
http://www.gakuyo.co.jp/

装丁　佐藤　博／DTP制作　越海編集デザイン
印刷・製本　モリモト印刷